Dem Leben in Liebe dienen

D1984606

Dem Leben in Liebe dienen

Apostolisches Schreiben

ÜBER DIE AUFGABEN DER CHRISTLICHEN FAMILIE IN DER WELT VON HEUTE

Papst Johannes Pauls II.

Mit einem Kommentar von Franz Böckle

Herder

Freiburg · Basel · Wien

Alle Rechte vorbehalten — Printed in Germany
© Verlag Herder Freiburg im Breisgau 1982
Herstellung: Freiburger Graphische Betriebe 1982
ISBN 3-451-19471-6

Inhalt

Einleitung

1. Die Kirche im Dienst an der Familie 13
2. Die Synode von 1980 in ihrem Zusammenhang mit den vorhergehenden 14
3. Ehe und Familie - ein kostbares Gut 15

ERSTER TEIL

Die Familie heute - Licht und Schatten

4. Notwendige Kenntnis der Situation 17
5. Die evangelische Unterscheidungsgabe 18
6. Die Lage der Familie in der Welt von heute 20
7. Die Auswirkung dieser Situation auf das Gewissen der Gläubigen 22
8. Unsere Zeit bedarf der Weisheit 23
9. Stufenweises Wachstum und Bekehrung 25
10. „Inkulturation“ 25

ZWEITER TEIL

Ehe und Familie im Plane Gottes

11. Der Mensch, Abbild des liebenden Gottes 27
12. Die Ehe und die Gemeinschaft zwischen Gott und den Menschen 29
13. Jesus Christus, der Bräutigam der Kirche, und das Sakrament der Ehe 30
14. Die Kinder, kostbarstes Gut der Ehe 33
15. Die Familie, Gemeinschaft von Personen 34
16. Ehe und Jungfräulichkeit 35

DRITTER TEIL
Die Aufgaben der christlichen Familie

17. Familie, werde, was du bist! 38

I. DIE BILDUNG EINER GEMEINSCHAFT VON PERSONEN

18. Die Liebe, Grundlage und Kraft der Gemeinschaft 39
19. Die unzertrennliche Einheit der Ehegemeinschaft 40
20. Eine unauflösliche Gemeinschaft 42
21. Die größere Gemeinschaft der Familie 44
22. Rechte und Pflichten der Frau 47
23. Frau und Gesellschaft 49
24. Verletzungen der Würde der Frau 51
25. Der Mann als Ehegatte und Vater 52
26. Die Rechte des Kindes 54
27. Die alten Menschen in der Familie 55

II. DER DIENST AM LEBEN

1) Die Weitergabe des Lebens 57

28. Mitarbeiter des liebenden Schöpfergottes 57
29. Die stets alte und zugleich neue Lehre und Norm der Kirche 58
30. Die Kirche auf der Seite des Lebens 59
31. Für eine immer vollere Verwirklichung des Planes Gottes 61
32. In der ganzheitlichen Sicht des Menschen und seiner Berufung 63
33. Die Kirche als Lehrerin und Mutter für Ehepaare in Schwierigkeiten 66
34. Der sittliche Weg der Eheleute 69
35. Überzeugungen wecken und konkrete Hilfen anbieten 72

2) Die Erziehung 73

36. Recht und Pflicht der Eltern, ihre Kinder zu erziehen . 73
37. Erziehung zu den Grundwerten des menschlichen Lebens 74
38. Der Erziehungsauftrag und das Ehesakrament 77
39. Die erste Erfahrung von Kirche 78
40. Beziehungen zu anderen Erziehungsinstanzen 81
41. Ein vielfältiger Dienst am Leben 82

III. DIE TEILNAHME DER FAMILIE AN DER GESELLSCHAFTLICHEN ENTWICKLUNG

42. Die Familie als Grund- und Lebenszelle der Gesellschaft 84
43. Das Familienleben als Erfahrung von Gemeinschaft und Anteilnahme 85
44. Der gesellschaftliche und politische Auftrag 86
45. Die Gesellschaft im Dienst an der Familie 88
46. Die Charta der Familienrechte 89
47. Gnade und Verantwortung der christlichen Familie .. 91
48. Für eine neue internationale Ordnung 92

IV. DIE TEILNAHME DER FAMILIE AM LEBEN UND AN DER SENDUNG DER KIRCHE

49. Die Familie im Geheimnis der Kirche 94
50. Ein besonderer und eigener kirchlicher Auftrag 95

1) Die christliche Familie als glaubende und verkündende Gemeinschaft 97

51. Der Glaube läßt den Plan Gottes für die Familie entdecken und bewundern 97
52. Der Verkündigungsauftrag der christlichen Familie ... 99
53. Ein ekklesialer Dienst 101
54. Das Evangelium allen Geschöpfen verkünden 102

2) Die christliche Familie, eine Gemeinschaft im Gespräch mit Gott 104

55. Die Familie, Hausheiligtum der Kirche 104
56. Die Eheschließung, Sakrament gegenseitiger Heiligung und Akt der Gottesverehrung 105
57. Ehe und Eucharistie 107
58. Das Sakrament der Umkehr und Versöhnung 108
59. Das Familiengebet 109
60. Die Gebetserziehung 111
61. Liturgisches und privates Gebet 112
62. Gebet und Leben 114

3) Die christliche Familie, Gemeinschaft im Dienst am Menschen 115

63. Das neue Gebot der Liebe 115
64. In jedem Bruder das Bild Gottes entdecken 117

VIERTER TEIL

Familienpastoral: Zeiten, Strukturen, aktiv Beteiligte, besondere Situationen

I. ZEITEN FÜR DIE FAMILIENPASTORAL

65. Die Kirche begleitet die christliche Familie auf ihrem Weg 119
66. Die Vorbereitung 120
67. Die kirchliche Trauung 124
68. Trauungsfeier und Verkündigung für Getaufte ohne Glauben 126
69. Pastoral für die Verheirateten 129

II. STRUKTUREN DER FAMILIENPASTORAL

70. Die kirchliche Gemeinschaft, besonders die Pfarrei ... 131
71. Die Familie 132
72. Vereinigungen von Familien für die Familien 134

III. MITWIRKENDE IN DER FAMILIENPASTORAL

73. Bischöfe und Priester 136
74. Männer und Frauen im Ordensstand 138
75. Fachleute unter den Laien 139
76. Massenmedien: Medienschaffende und Empfänger ... 140

IV. FAMILIENPASTORAL FÜR SCHWIERIGE SITUATIONEN

77. Besondere Verhältnisse 143
78. Konfessionsverschiedene Ehen 146
79. Der pastorale Einsatz angesichts einiger irregulärer Situationen 150
80. a) Die Ehe auf Probe 150
81. b) Freie Verbindungen 151
82. c) Katholiken, die nur zivil getraut sind 153
83. d) Getrennte und Geschiedene ohne Wiederheirat 154
84. e) Wiederverheiratete Geschiedene 155
85. Menschen ohne Familie 158

86. Schluß 160

Kommentar von Franz Böckle 165

APOSTOLISCHES SCHREIBEN

FAMILIARIS CONSORTIO

SEINER HEILIGKEIT

PAPST JOHANNES PAULS II.

AN DIE BISCHÖFE,
DIE PRIESTER UND DIE GLÄUBIGEN
DER GANZEN KIRCHE
ÜBER DIE AUFGABEN
DER CHRISTLICHEN FAMILIE
IN DER WELT VON HEUTE

Einleitung

Die Kirche im Dienst an der Familie

1. Die Familie wurde in unseren Tagen – wie andere Institutionen und vielleicht noch mehr als diese – in die umfassenden, tiefgreifenden und raschen Wandlungen von Gesellschaft und Kultur hineingezogen. Viele Familien leben in dieser Situation in Treue zu den Werten, welche die Grundlage der Familie als Institution ausmachen. Andere sind ihren Aufgaben gegenüber unsicher und verwirrt oder sogar in Zweifel und fast in Unwissenheit über die letzte Bedeutung und die Wahrheit des ehelichen und familiären Lebens. Wieder andere sind durch ungerechte Situationen verschiedener Art in der Ausübung ihrer Grundrechte behindert.

In dem Wissen, daß Ehe und Familie zu den kostbarsten Gütern der Menschheit zählen, möchte die Kirche ihre Stimme und das Angebot ihrer Hilfe zu jenen gelangen lassen, die den Wert von Ehe und Familie bereits kennen und dementsprechend leben wollen, zu jenen, die unsicher und unruhig nach der Wahrheit suchen, sowie zu jenen, die ungerechterweise daran gehindert werden, ihre Auffassung von der Familie in Freiheit zu verwirklichen. Indem sie die einen stützt, die anderen belehrt und den letzteren hilft, bietet die Kirche ihren Dienst allen Menschen an, die sich über das Schicksal von Ehe und Familie Gedanken machen[1].

[1] Vgl. II. Vatikanisches Konzil, Pastoralkonstitution über die Kirche in der Welt von heute „Gaudium et spes“, 52.

Insbesondere wendet sie sich an die jungen Menschen, die am Anfang ihres Weges zu Ehe und Familie stehen, um ihnen zu helfen, die Schönheit und Größe der Berufung zur Liebe und zum Dienst am Leben zu entdecken, und ihnen so neue Horizonte aufzutun.

Die Synode von 1980 in ihrem Zusammenhang mit den vorhergehenden

2. Ein Zeichen dieses großen Interesses der Kirche für die Familie war die letzte Bischofssynode, die vom 26. September bis 25. Oktober 1980 in Rom abgehalten wurde. Sie war die natürliche Fortsetzung der zwei vorhergehenden[2]. Die christliche Familie ist ja die erste Gemeinschaft, der es obliegt, dem heranwachsenden Menschen das Evangelium zu verkünden und ihn durch eine fortschreitende Erziehung und Glaubensunterweisung zur vollen menschlichen und christlichen Reife zu führen.

Und nicht nur das. Die letzte Synode steht auch mit jener über das Amtspriestertum und über die Gerechtigkeit in der Welt von heute in einer gewissen gedanklichen Verbindung. Denn als erziehende Gemeinschaft muß die Familie dem Menschen beim Erkennen der persönlichen Berufung und bei der Entscheidung zum notwendigen Einsatz für größere Gerechtigkeit behilflich sein, indem sie von Anfang an zu zwischenmenschlichen Beziehungen erzieht, die von Gerechtigkeit und Liebe geprägt sind.

Zum Abschluß ihrer Beratungen überreichten mir

2 Vgl. Johannes Paul II., Homilie zur Eröffnung der VI. Bischofssynode (26. 9. 1980), 2: AAS 72 (1980) 1008.

die Väter der Synode eine umfangreiche Liste von Vorschlägen („Propositiones"). Sie enthält die Ergebnisse ihrer Überlegungen in jenen arbeitsreichen Tagen. Einmütig baten sie mich, vor der Menschheit die lebendige Sorge der Kirche für die Familie zu bekunden und geeignete Weisungen für einen erneuerten pastoralen Einsatz in diesem so grundlegenden Bereich menschlichen und kirchlichen Lebens zu geben.

Dieser Aufgabe will ich mit dem vorliegenden Schreiben nachkommen, worin ich einen Dienst des mir anvertrauten apostolischen Amtes sehe. Dabei möchte ich allen Teilnehmern der Synode meine Dankbarkeit zum Ausdruck bringen für ihren wertvollen Beitrag an Lehre und Erfahrung, der besonders in ihren „Propositiones" seinen Niederschlag fand. Deren Text vertraue ich dem Päpstlichen Rat für die Familie an mit dem Auftrag, durch ein vertieftes Studium jeden Aspekt des darin enthaltenen Reichtums fruchtbar zu machen.

Ehe und Familie - ein kostbares Gut

3. Die Kirche weiß aus dem Glauben um den Wert von Ehe und Familie in ihrer ganzen Wahrheit und tiefen Bedeutung; deshalb fühlt sie sich erneut gedrängt, das Evangelium, die „Frohbotschaft", allen ohne Unterschied zu verkünden, besonders aber jenen, die zur Ehe berufen sind und sich auf sie vorbereiten, sowie allen Eheleuten und Eltern in der Welt.

Sie ist tief davon überzeugt, daß nur die Annahme des Evangeliums die volle Verwirklichung aller Hoffnungen schenkt, die der Mensch mit Recht in Ehe und Familie setzt.

Von Gott mit der Schöpfung selbst gewollt[3], sind Ehe und Familie innerlich auf die Vollendung in Christus hingeordnet[4] und bedürfen seiner Gnade, um von den Wunden der Sünde geheilt[5] und so „auf ihren Anfang“[6] zurückgeführt zu werden, das heißt zur vollen Kenntnis und Verwirklichung der Pläne Gottes.

In einem geschichtlichen Augenblick, in dem die Familie Ziel von zahlreichen Kräften ist, die sie zu zerstören oder jedenfalls zu entstellen trachten, ist sich die Kirche bewußt, daß das Wohl der Gesellschaft und ihr eigenes mit dem der Familie eng verbunden ist[7], und fühlt um so stärker und drängender ihre Sendung, allen den Plan Gottes für Ehe und Familie zu verkünden, um deren volle Lebenskraft und menschlich-christliche Entfaltung zu sichern und so zur Erneuerung der Gesellschaft und des Volkes Gottes beizutragen.

[3] Vgl. Gen 1-2.
[4] Vgl. Eph 5.
[5] Vgl. II. Vatikanisches Konzil, a.a.O., 47; Johannes Paul II., Brief „Appropinquat iam“ vom 15. 8. 1980, 1: AAS 72 (1980) 791.
[6] Vgl. Mt 19, 4.
[7] Vgl. II. Vatikanisches Konzil, a.a.O., 47.

Erster Teil
Die Familie heute - Licht und Schatten

Notwendige Kenntnis der Situation

4. Da der Plan Gottes für Ehe und Familie Mann und Frau konkret betrifft - in ihrer täglichen Existenz, in bestimmten sozialen und kulturellen Situationen -, muß sich die Kirche, um ihren Dienst leisten zu können, um die Kenntnis jener Situationen bemühen, in denen Ehe und Familie sich heute verwirklichen[8].

Diese Kenntnis ist also eine für die Evangelisierung unerläßliche Notwendigkeit: muß doch die Kirche das unveränderliche und immer neue Evangelium Christi an die Familien *unserer* Zeit herantragen, müssen doch die Familien in den Bedingungen *unserer* Welt den Plan Gottes für sie aufgreifen und verwirklichen. Und nicht nur das: Die Forderungen und Anrufe des göttlichen Geistes sprechen auch aus den Ereignissen der Geschichte, weshalb die Kirche auch durch die Situationen, Fragen, Ängste und Hoffnungen der Jugendlichen, der Eheleute und der Eltern von heute zu einer tieferen Kenntnis des unerschöpflichen Mysteriums der Ehe und Familie geführt werden kann[9].

Hinzu kommt noch eine weitere, in der heutigen Zeit besonders wichtige Überlegung. Nicht selten

[8] Vgl. Johannes Paul II., Ansprache an den Rat des Generalsekretariates der Bischofssynode (23. 2. 1980): Insegnamenti di Giovanni Paolo II, III, 1 (1980) 472-476.

[9] Vgl. II. Vatikanisches Konzil, a.a.O., 4.

werden dem Mann und der Frau von heute in ihrer ehrlichen und tiefen Suche nach einer Antwort auf die täglichen ernsten Probleme ihres ehelichen und familiären Lebens Ansichten und Vorschläge angeboten, die zwar verlockend sind, aber die Wahrheit und Würde der menschlichen Person mehr oder weniger verletzen. Dieses Angebot wird oft von der mächtigen und weitverzweigten Organisation der Medien gestützt, welche die Freiheit und die Fähigkeit zur objektiven Beurteilung unterschwellig gefährden.

Viele wissen bereits um diese Gefahr, in der die menschliche Person schwebt, und setzen sich für die Wahrheit ein. Die Kirche schließt sich ihnen mit ihrer evangelischen Unterscheidungsgabe an, indem sie ihren Dienst an der Wahrheit, der Freiheit und der Würde jedes Mannes und jeder Frau anbietet.

Die evangelische Unterscheidungsgabe

5. Die von der Kirche geleistete Unterscheidung wird zum Angebot einer Orientierung mit dem Ziel, daß die ganze Wahrheit und die volle Würde von Ehe und Familie gerettet und verwirklicht werde.

Sie wird im Glaubenssinn vollzogen[10], den der Heilige Geist allen Gläubigen mitteilt[11], und ist demnach Werk der gesamten Kirche entsprechend den verschiedenen Gaben und Charismen, die gemeinsam und nach dem Grad der jeweiligen Verantwortung für eine immer tiefere Erkenntnis und Verwirklichung des Wortes Gottes zusammenwirken. Die Kirche voll-

10 Vgl. II. Vatikanisches Konzil, Dogmatische Konstitution über die Kirche „Lumen gentium", 12.
11 Vgl. 1 Joh 2, 20.

zieht diese ihre evangelische Unterscheidung also nicht nur durch die Hirten, die im Namen und mit der Vollmacht Christi lehren, sondern auch durch die Laien: Christus „bestellt sie zu Zeugen und rüstet sie mit dem Glaubenssinn und der Gnade des Wortes aus (vgl. Apg 2, 17-18; Offb 19, 10), damit die Kraft des Evangeliums im alltäglichen Familien- und Gesellschaftsleben aufleuchte“[12]. Die Laien haben sogar aufgrund ihrer besonderen Berufung die spezifische Aufgabe, im Licht Christi die Geschichte dieser Welt auszulegen; ist es doch ihr Auftrag, die zeitlichen Wirklichkeiten nach dem Plan Gottes, des Schöpfers und Erlösers, zu erhellen und zu ordnen.

Der „übernatürliche Glaubenssinn“[13] besteht jedoch nicht nur oder notwendigerweise in der Übereinstimmung der Gläubigen. Die Kirche sucht, indem sie Christus folgt, die Wahrheit, welche sich nicht immer mit der Meinung der Mehrheit deckt. Sie horcht auf das Gewissen und nicht auf die Macht und verteidigt so die Armen und Verachteten. Die Kirche weiß auch die soziologischen und statistischen Forschungen zu schätzen, wenn diese sich zur Erfassung des geschichtlichen Umfeldes, in dem sich das pastorale Wirken vollziehen muß, nützlich erweisen und wenn sie zu einer besseren Erkenntnis der Wahrheit verhelfen; diese Forschungen allein können jedoch nicht ohne weiteres als Ausdruck des Glaubenssinnes betrachtet werden.

Aufgabe des apostolischen Amtes ist es, das Bleiben der Kirche in der Wahrheit Christi zu gewährleisten und sie immer tiefer darin einzuführen; die Hirten

12 II. Vatikanisches Konzil, a.a.O., 35.

13 Vgl. II. Vatikanisches Konzil, a.a.O., 12; Kongregation für die Glaubenslehre, Erklärung „Mysterium Ecclesiae“, 2: AAS 65 (1973) 398–400.

müssen deshalb den Glaubenssinn in allen Gläubigen fördern, die Echtheit seiner Ausdrucksformen verbindlich abwägen und beurteilen und die Gläubigen zu einer immer reiferen Unterscheidung im Licht des Evangeliums erziehen[14].

Zur Erarbeitung einer echten evangelischen Unterscheidungsgabe in den verschiedenen Situationen und Kulturen, in denen Mann und Frau ihre Ehe und Familie leben, können und müssen die christlichen Eheleute und Eltern einen eigenen, unersetzlichen Beitrag leisten. Zu dieser Aufgabe befähigt sie das ihnen eigene Charisma, die ihnen eigene Gnadengabe, die sie im Sakrament der Ehe empfangen haben[15].

Die Lage der Familie in der Welt von heute

6. Die Situation, in der sich die Familie befindet, weist positive und negative Aspekte auf: Die einen sind Zeichen für das in der Welt wirksame Heil in Christus, die anderen für die Ablehnung, mit der der Mensch der Liebe Gottes begegnet.

Einerseits ist man sich der persönlichen Freiheit mehr bewußt, schenkt der Qualität der zwischenmenschlichen Beziehungen in der Ehe, der Förderung der Würde der Frau, der verantworteten Elternschaft, der Erziehung der Kinder größere Aufmerksamkeit; man weiß darüber hinaus um die Notwendigkeit der Entwicklung von Beziehungen zwischen den einzelnen Familien zu gegenseitiger spiritueller und mate-

[14] Vgl. II. Vatikanisches Konzil, a.a.O., 12; Dogmatische Konstitution über die göttliche Offenbarung „Dei Verbum“, 10.

[15] Vgl. Johannes Paul II., Homilie zur Eröffnung der VI. Bischofssynode (26. 9. 1980), 3: AAS 72 (1980) 1008.

rieller Hilfe; man entdeckt wieder neu die der Familie eigene ekklesiale Sendung und ihre Verantwortung für den Aufbau einer gerechteren Gesellschaft. Andererseits aber gibt es Anzeichen einer besorgniserregenden Verkümmerung fundamentaler Werte: eine irrige theoretische und praktische Auffassung von der gegenseitigen Unabhängigkeit der Eheleute; die schwerwiegenden Mißverständnisse hinsichtlich der Autoritätsbeziehung zwischen Eltern und Kindern; die häufigen konkreten Schwierigkeiten der Familie in der Vermittlung der Werte; die steigende Zahl der Ehescheidungen; das weitverbreitete Übel der Abtreibung; die immer häufigere Sterilisierung; das Aufkommen einer regelrechten empfängnisfeindlichen Mentalität.

An der Wurzel dieser negativen Erscheinungen findet sich oft eine Zersetzung von Begriff und Erfahrung der Freiheit, die nicht als die Fähigkeit aufgefaßt wird, den Plan Gottes für Ehe und Familie zu verwirklichen, sondern vielmehr als autonome Kraft der Selbstbehauptung - für das eigene, egoistisch verstandene Wohlergehen und nicht selten gegen die Mitmenschen.

Auch eine andere Tatsache verdient unsere Aufmerksamkeit, nämlich die, daß es in den Ländern der sogenannten Dritten Welt den Familien sowohl an den grundlegenden Mitteln zum Überleben fehlt, wie Nahrung, Arbeit, Wohnung, Arzneien, als auch an den elementarsten Freiheiten. In den reicheren Ländern hingegen nehmen der übertriebene Wohlstand und die Konsumhaltung sowie eine gewisse paradoxerweise damit verbundene Angst und Unsicherheit gegenüber der Zukunft den Eltern die Hochherzigkeit und den Mut, neues Leben zu wecken. So wird das Leben oft nicht als Segen, sondern als eine Gefahr betrachtet, gegen die man sich verteidigen muß.

Die geschichtliche Situation, in der die Familie lebt, steht somit als Ineinander von Licht und Schatten vor uns.

Darin wird deutlich, daß die Geschichte nicht einfach ein notwendiger Fortschritt zum Besseren ist, sondern vielmehr ein Ereignis der Freiheit, ja ein Kampf zwischen Freiheiten, die einander widerstreiten; sie ist - nach der bekannten Formulierung des heiligen Augustinus - ein Konflikt zwischen zweierlei Liebe: der Liebe zu Gott bis hin zur Verachtung seiner selbst und der Liebe zu sich bis hin zur Verachtung Gottes[16].

Daraus folgt, daß nur die Erziehung zu einer im Glauben verwurzelten Liebe die Fähigkeit schenken kann, die „Zeichen der Zeit" zu deuten, die der geschichtliche Ausdruck dieser zweifachen Liebe sind.

Die Auswirkung dieser Situation auf das Gewissen der Gläubigen

7. In einer solchen Welt und unter dem besonders von den Massenmedien ausgeübten Druck waren und sind die Gläubigen nicht immer fähig, dem Verblassen der fundamentalen Werte gegenüber immun zu bleiben und sich als kritisches Gewissen dieser Familienkultur und als aktive Miterbauer eines echten „Familienhumanismus" zu erweisen.

Unter den beunruhigendsten Anzeichen für diese Tatsache haben die Synodenväter besonders die fol-

16 Vgl. Augustinus, De Civitate Dei XIV, 28: CSEL 40, II, 56f.

genden hervorgehoben: die Zunahme von Scheidung und Eingehen einer neuen Verbindung sogar bei den Gläubigen; das Hinnehmen der nur zivilrechtlich geschlossenen Ehe im Gegensatz zur Berufung der Getauften, „sich im Herrn zu vermählen"; die kirchliche Feier der Eheschließung ohne lebendigen Glauben, sondern aus anderen Beweggründen; die Ablehnung der sittlichen Normen für einen menschlichen und christlichen Vollzug der Sexualität in der Ehe.

Unsere Zeit bedarf der Weisheit

8. So steht die ganze Kirche vor der Aufgabe tiefgreifender Besinnung und Bemühung, damit die neue, aufsteigende Kultur in ihrem Inneren evangelisiert werde, damit die echten Werte anerkannt und die Rechte von Mann und Frau verteidigt werden, damit die Gerechtigkeit schon in den Strukturen der Gesellschaft gefördert werde. Auf diese Weise wird der „neue Humanismus" die Menschen nicht von ihrem Gottesverhältnis weg-, sondern vielmehr vollkommener hineinführen.

Für den Aufbau eines solchen Humanismus bieten die Wissenschaft und ihre technischen Anwendungen neue ungeheure Möglichkeiten. Dennoch wird die Wissenschaft infolge politischer Entscheidungen, welche die Ausrichtung der Forschung und ihre Anwendung bestimmen, oft gegen ihren ursprünglichen Sinn – die Förderung der menschlichen Person – eingesetzt.

Es ist demnach notwendig, daß alle das Wissen um den Vorrang der sittlichen Werte – welche die Werte der menschlichen Person als solcher sind – wiedergewinnen. Den letzten Sinn des Lebens und seine Grundwerte wieder zu erfassen ist die große Aufgabe, die sich heute für die Erneuerung der Gesellschaft stellt. Nur das verantwortungsbereite Wissen um den Vorrang dieser Werte erlaubt eine wirklich auf die Förderung der menschlichen Person in ihrer ganzen Wahrheit, Freiheit und Würde ausgerichtete Anwendung der durch die Wissenschaften dem Menschen in die Hand gegebenen ungeheuren Möglichkeiten. Die Wissenschaft ist berufen, sich mit der Weisheit zu verbünden.

Auch auf die Probleme der Familie kann man die Worte des II. Vatikanischen Konzils anwenden: „Unsere Zeit braucht mehr als die vergangenen Jahrhunderte diese Weisheit, damit menschlich wird, was immer an Neuem vom Menschen entdeckt wird. Es gerät nämlich das künftige Geschick der Welt in Gefahr, wenn nicht weisere Menschen erweckt werden.“[17]

Die Erziehung des Gewissens, das jeden Menschen befähigt, die rechten Weisen zu erkennen, zu werten und zu unterscheiden, in denen er sich nach seiner ureigenen Wahrheit verwirklichen kann, wird so zu einer vordringlichen und unverzichtbaren Notwendigkeit.

Die Bindung an die göttliche Weisheit ist es, die in der heutigen Kultur vertieft wiederhergestellt werden muß. An jener Weisheit hat jeder Mensch durch die Schöpfertat Gottes Anteil. Nur in der Treue zu dieser Bindung werden die Familien unserer Zeit in der Lage sein, positiv am Aufbau einer Welt mitzuwirken, in der mehr Gerechtigkeit und Brüderlichkeit herrschen.

17 Pastoralkonstitution über die Kirche in der Welt von heute „Gaudium et spes“, 15.

Stufenweises Wachstum und Bekehrung

9. Die Ungerechtigkeit, die aus der Sünde stammt – welche auch in die Strukturen der heutigen Welt tief eingedrungen ist –, behindert oft die Familie in ihrer vollen Selbstverwirklichung und in der Ausübung ihrer fundamentalen Rechte; ihr müssen wir uns alle mit einer Bekehrung des Geistes und des Herzens entgegenstellen, indem wir in der Nachfolge des gekreuzigten Herrn unseren Egoismus bekämpfen. Solche Umkehr wird notwendig auch auf die Strukturen der Gesellschaft einen wohltuenden und erneuernden Einfluß ausüben.

Es bedarf einer fortgesetzten, ständigen Bekehrung, die, obwohl sie die innere Loslösung von allem Bösen und die Annahme des Guten in seiner Fülle erfordert, sich konkret in Schritten vollzieht, in einem dynamischen Prozeß von Stufe zu Stufe entsprechend der fortschreitenden Hereinnahme der Gaben Gottes und der Forderungen seiner unwiderruflichen und absoluten Liebe in das gesamte persönliche und soziale Leben des Menschen. Ein erzieherischer Weg des Wachsens ist also nötig, damit die einzelnen Gläubigen, die Familien und die Völker, ja die ganze Kultur von dem, was sie vom Geheimnis Christi bereits angenommen haben, geduldig weitergeführt werden, um zu einer reicheren Kenntnis und einer volleren Einbeziehung dieses Geheimnisses in ihr Leben zu gelangen.

„Inkulturation“

10. Von den Kulturen der Völker all das anzunehmen, was den „unergründlichen Reichtum Christi“

besser zum Ausdruck bringen kann, entspricht der durchgehenden Tradition der Kirche[18]. Nur im Zusammenwirken aller Kulturen kann dieser Reichtum immer klarer offenbar werden und kann die Kirche in ein von Tag zu Tag vollkommeneres und tieferes Verstehen der Wahrheit hineinwachsen, die ihr bereits in ganzer Fülle vom Herrn geschenkt ist.

Geleitet von dem doppelten Grundsatz der Vereinbarkeit der verschiedenen in Frage kommenden Kulturen mit dem Evangelium und der Verbundenheit mit der universalen Kirche muß man durch weitere Studien - besonders von seiten der Bischofskonferenzen und der zuständigen Ämter der Römischen Kurie - und durch weiteren pastoralen Einsatz dazu beitragen, daß diese „Inkulturation" des christlichen Glaubens in immer größerem Umfang geschehe, auch im Bereich von Ehe und Familie.

Die „Inkulturation" ist der Weg in Richtung auf die volle Wiederherstellung des Bündnisses mit der Weisheit Gottes, die Christus selbst ist. Die ganze Kirche wird auch durch jene Kulturen bereichert, die, obgleich arm an Technologie, reich an menschlicher Weisheit und von hohen moralischen Werten durchdrungen sind.

Damit das Ziel dieses Weges klar und infolgedessen der Weg dorthin sicher angezeigt sei, hat die Synode mit Recht zunächst den ursprünglichen Plan Gottes für Ehe und Familie von Grund auf betrachtet: Sie wollte, der Weisung Christi folgend, „zum Anfang zurückkehren"[19].

[18] Vgl. Eph 3, 8; II. Vatikanisches Konzil, a.a.O., 44; Dekret über die Missionstätigkeit der Kirche „Ad gentes", 15, 22.
[19] Vgl. Mt 19, 4ff.

Zweiter Teil
Ehe und Familie im Plane Gottes

Der Mensch, Abbild des liebenden Gottes

11. Gott hat den Menschen nach seinem Bild und Gleichnis erschaffen[20]: den er *aus Liebe* ins Dasein gerufen hat, berief er gleichzeitig *zur Liebe*.

Gott ist Liebe[21] und lebt in sich selbst ein Geheimnis personaler Liebesgemeinschaft. Indem er den Menschen nach seinem Bild erschafft und ständig im Dasein erhält, prägt Gott der Menschennatur des Mannes und der Frau die Berufung und daher auch die Fähigkeit und die Verantwortung zu Liebe und Gemeinschaft ein[22]. Die Liebe ist demnach die grundlegende und naturgemäße Berufung jedes Menschen.

Als Geist im Fleisch, das heißt als Seele, die sich im Leib ausdrückt, und als Leib, der von einem unsterblichen Geist durchlebt wird, ist der Mensch in dieser geeinten Ganzheit zur Liebe berufen. Die Liebe schließt auch den menschlichen Leib ein, und der Leib nimmt an der geistigen Liebe teil.

Die christliche Offenbarung kennt zwei besondere Weisen, die Berufung der menschlichen Person zur Liebe ganzheitlich zu verwirklichen: die Ehe und die Jungfräulichkeit. Sowohl die eine als auch die andere ist in der ihr eigenen Weise eine konkrete Verwirkli-

20 Vgl. Gen 1, 26f.
21 1 Joh 4, 8.
22 Vgl. II. Vatikanisches Konzil, Pastoralkonstitution über die Kirche in der Welt von heute „Gaudium et spes", 12.

chung der tiefsten Wahrheit des Menschen, seines „Seins nach dem Bild Gottes".

Infolgedessen ist die Sexualität, in welcher sich Mann und Frau durch die den Eheleuten eigenen und vorbehaltenen Akte einander schenken, keineswegs etwas rein Biologisches, sondern betrifft den innersten Kern der menschlichen Person als solcher. Auf wahrhaft menschliche Weise wird sie nur vollzogen, wenn sie in jene Liebe integriert ist, mit der Mann und Frau sich bis zum Tod vorbehaltlos einander verpflichten. Die leibliche Ganzhingabe wäre eine Lüge, wenn sie nicht Zeichen und Frucht personaler Ganzhingabe wäre, welche die ganze Person, auch in ihrer zeitlichen Dimension, miteinschließt. Wenn die Person sich etwas vorbehielte, zum Beispiel die Möglichkeit, in Zukunft anders zu entscheiden, so wäre schon dadurch ihre Hingabe nicht umfassend.

Die Ganzheit, wie sie die eheliche Liebe verlangt, entspricht auch den Forderungen, wie sie sich aus einer verantworteten Fruchtbarkeit ergeben. Auf die Zeugung eines Menschen hingeordnet, überragt diese ihrer Natur nach die rein biologische Sphäre und berührt ein Gefüge von personalen Werten, deren harmonische Entfaltung den dauernden, einträchtigen Beitrag beider Eltern verlangt.

Diese Hingabe ist in ihrer ganzen Wahrheit einzig und allein im „Raum" der Ehe möglich, im Bund ehelicher Liebe, auf dem Boden der bewußten und freien Entscheidung, mit der Mann und Frau die innige, von Gott gewollte Lebens- und Liebesgemeinschaft eingehen[23], die nur in diesem Licht ihren wahren Sinn enthüllt. Die Ehe als Institution ist weder ein ungebührli-

[23] Vgl. ebenda, 48.

ches Eingreifen der Gesellschaft oder der Autorität noch ein von außen kommendes Auferlegen einer Form, sondern eine dem ehelichen Liebesbund innewohnende Notwendigkeit, der sich dadurch der Öffentlichkeit als etwas Einmaliges und Ausschließliches kundtut, damit so die Treue zum Plan des Schöpfergottes voll verwirklicht wird. Eine solche Treue beeinträchtigt keineswegs die Freiheit der Person, sondern schützt sie vielmehr vor jedem Subjektivismus und Relativismus und läßt sie an der schöpferischen Weisheit Gottes teilhaben.

Die Ehe und die Gemeinschaft zwischen Gott und den Menschen

12. Die Liebesgemeinschaft zwischen Gott und den Menschen, fundamentaler Inhalt der Offenbarung und der Glaubenserfahrung Israels, kommt auf bedeutsame Weise im bräutlichen Bündnis zwischen Mann und Frau zum Ausdruck.

Deshalb wird das im Mittelpunkt der Offenbarung stehende Wort „Gott liebt sein Volk" auch in den persönlichen Worten ausgesprochen, mit denen Mann und Frau einander ihre eheliche Liebe konkret kundtun. Ihr Liebesband wird zum Abbild und Symbol des Bundes, der Gott und sein Volk verbindet[24]. Selbst die Sünde, die den ehelichen Bund verletzen kann, wird zum Abbild der Untreue des Volkes gegen seinen Gott: der Götzendienst ist Prostitution[25], die Untreue ist Ehebruch, der Ungehorsam gegen das Ge-

[24] Vgl. z.B. Hos 2, 21; Jer 3, 6-13; Jes 54.
[25] Vgl. Ez 16, 25.

setz ist ein Verrat an der bräutlichen Liebe des Herrn. Die Untreue Israels zerstört jedoch nicht die ewige Treue des Herrn, und somit wird die immer treue Liebe Gottes zum Vorbild für das Verhältnis treuer Liebe, das zwischen den Eheleuten bestehen muß[26].

Jesus Christus, der Bräutigam der Kirche, und das Sakrament der Ehe

13. Die Gemeinschaft zwischen Gott und den Menschen findet ihre endgültige Erfüllung in Jesus Christus, dem liebenden Bräutigam, der sich hingibt als Erlöser der Menschheit und sie als seinen Leib mit sich vereint.

Er offenbart die Urwahrheit über die Ehe, die Wahrheit des „Anfangs"[27], und macht den Menschen fähig, sie vollends zu verwirklichen, indem er ihn von seiner Herzenshärte befreit.

Diese Offenbarung gelangt zur endgültigen Vollendung in der Liebesgabe, die das göttliche Wort der Menschheit macht, indem es die menschliche Natur annimmt, und im Opfer, mit dem Jesus Christus sich am Kreuz für seine Braut, die Kirche, darbringt. In diesem Opfer wird der Plan vollständig enthüllt, den Gott dem Menschsein des Mannes und der Frau seit ihrer Schöpfung eingeprägt hat[28]; die Ehe der Getauften wird so zum Realsymbol des neuen und ewigen Bundes, der im Blut Christi geschlossen wurde. Der Geist, den der Herr ausgießt, macht das Herz neu und befähigt Mann und Frau, einander zu lieben, wie

26 Vgl. Hos 3.
27 Vgl. Gen 2, 24; Mt 19, 5.
28 Vgl. Eph 5, 32f.

Christus uns geliebt hat. Die eheliche Liebe erreicht dadurch jene Fülle, auf die sie von innen her ausgerichtet ist, die übernatürliche Gattenliebe, in welcher die Vermählten auf die ihnen eigene und spezifische Art an der sich am Kreuz schenkenden Liebe Christi teilnehmen und sie zu leben berufen sind.

An einer zu Recht berühmten Stelle hat Tertullian die Größe und Schönheit dieses ehelichen Lebens in Christus und seiner Kirche gut zum Ausdruck gebracht: „Wie vermag ich das Glück jener Ehe zu schildern, die von der Kirche geeint, vom Opfer gestärkt und vom Segen besiegelt ist, von den Engeln verkündet und vom Vater anerkannt? ... Welches Joch: zwei Gläubige mit *einer* Hoffnung, mit *einem* Verlangen, mit *einer* Lebensform, in *einem* Dienste; Kinder *eines* Vaters, Diener *eines* Herrn! Keine Trennung im Geist, keine im Fleisch, sondern wahrhaft zwei in einem Fleisch. Wo das Fleisch eines ist, dort ist auch der Geist eins."[29]

In treuem Annehmen und Bedenken des Wortes Gottes hat die Kirche feierlich gelehrt - und lehrt es heute -, daß die Ehe zwischen Getauften eines der sieben Sakramente des Neuen Bundes ist[30].

Denn durch die Taufe wurden Mann und Frau endgültig in den neuen und ewigen Bund, in den bräutlichen Bund Christi mit seiner Kirche, hineingenommen, und aufgrund dieses unzerstörbaren Hineingenommenseins wird die vom Schöpfer begründete innige Lebens- und Liebesgemeinschaft der Ehe[31] er-

29 Tertullian, Ad uxorem II, VIII, 6-8: CCL I, 393.

30 Vgl. Konzil von Trient, 24. Session, Kan. 1: I. D. Mansi, Sacrorum Conciliorum Nova et Amplissima Collectio 33, 149f.

31 Vgl. II. Vatikanisches Konzil, Pastoralkonstitution über die Kirche in der Welt von heute „Gaudium et spes", 48.

hoben und mit der bräutlichen Liebe Christi verbunden – bestärkt und bereichert von seiner erlösenden Kraft.

Dank des sakramentalen Charakters ihrer Ehe haben sich Mann und Frau auf zutiefst unlösbare Weise aneinander gebunden. Ihr gegenseitiges Sichgehören macht die Beziehung Christi zur Kirche sakramental gegenwärtig.

Die Eheleute sind daher für die Kirche eine ständige Erinnerung an das, was am Kreuz geschehen ist; sie sind füreinander und für die Kinder Zeugen des Heils, an dem sie durch das Sakrament teilhaben. Wie jedes andere Sakrament ist die Ehe Gedächtnis, Vollzug und Prophetie des Heilsgeschehens. „Als Gedächtnis befähigt und verpflichtet sie das Sakrament, der Großtaten Gottes eingedenk zu sein und für sie vor ihren Kindern Zeugnis abzulegen; als Vollzug befähigt und verpflichtet es sie, einander und den Kindern gegenüber im Jetzt zu verwirklichen, was eine verzeihende und erlösende Liebe verlangt; als Prophetie befähigt und verpflichtet es sie, die Hoffnung auf die künftige Begegnung mit Christus zu leben und zu bezeugen.“[32]

Wie jedes der sieben Sakramente, so ist auch die Ehe ein Realsymbol des Heilsgeschehens, jedoch auf eigene Weise. „Die Eheleute haben daran als Eheleute Anteil, zu zweit, als Paar – so sehr, daß die erste und unmittelbare Wirkung der Ehe (res et sacramentum) nicht die übernatürliche Gnade selbst ist, sondern das christliche Eheband, eine Gemeinschaft zu zweit, die als Darstellung des Geheimnisses der Menschwerdung Christi und seines Bundesgeheimnisses spezifisch

[32] Johannes Paul II., Ansprache an die Delegierten des „Centre de Liaison des Equipes de Recherche“ (3. 11. 1979), 3: Insegnamenti di Giovanni Paolo II, II, 2 (1979) 1032.

christlich ist. Auch der Inhalt dieser Teilhabe am Leben Christi ist spezifischer Natur: Die eheliche Liebe hat etwas Totales an sich, das alle Dimensionen der Person umfaßt; sie betrifft Leib und Instinkt, die Kraft des Gefühls und der Affektivität, das Verlangen von Geist und Willen; sie ist auf eine zutiefst personale Einheit hingeordnet, die über das leibliche Einswerden hinaus dazu hinführt, ein Herz und eine Seele zu werden; sie fordert Unauflöslichkeit und Treue in der endgültigen gegenseitigen Hingabe und ist offen für die Fruchtbarkeit (vgl. Enzyklika ‚Humanae vitae', 9). In einem Wort, es handelt sich um die normalen Merkmale jeder natürlichen ehelichen Liebe, jedoch mit einem neuen Bedeutungsgehalt, der sie nicht nur läutert und festigt, sondern so hoch erhebt, daß sie Ausdruck spezifisch christlicher Werte werden."[33]

Die Kinder, kostbarstes Gut der Ehe

14. Dem Plan Gottes entsprechend ist die Ehe die Grundlage der größeren Gemeinschaft der Familie, sind doch die Ehe als Institution und die eheliche Liebe auf die Zeugung und Erziehung von Kindern hingeordnet und finden darin ihre Krönung[34].

In ihrer tiefsten Wirklichkeit ist die Liebe wesenhaft Gabe, und wenn die eheliche Liebe die Gatten zum gegenseitigen „Erkennen" führt und zu „einem Fleisch"[35] macht, erschöpft sie sich nicht in der Gemeinschaft der beiden, sondern befähigt sie zum größtmöglichen Geben, zum Schenken des Lebens an

33 Ebenda, 4: a.a.O., 1032.
34 Vgl. II. Vatikanisches Konzil, a.a.O., 50.
35 Vgl. Gen 2, 24.

eine neue menschliche Person, wodurch sie zu Mitarbeitern Gottes werden. Während sich die Eheleute einander schenken, schenken sie über sich selbst hinaus die Wirklichkeit des Kindes: lebender Widerschein ihrer Liebe, bleibendes Zeichen ihrer ehelichen Gemeinschaft, lebendige und unauflösliche Einheit ihres Vater- und Mutterseins.

Als Eltern empfangen die Eheleute von Gott die Gabe einer neuen Verantwortung. Ihre elterliche Liebe ist dazu berufen, für die Kinder zum sichtbaren Zeichen der Liebe Gottes selbst zu werden, „von der jede Vaterschaft im Himmel und auf Erden ihren Namen hat"[36].

Man darf jedoch nicht vergessen, daß das eheliche Leben auch dann nicht seinen Wert verliert, wenn die Zeugung neuen Lebens nicht möglich ist. Die leibliche Unfruchtbarkeit kann den Gatten Anlaß zu anderen wichtigen Diensten am menschlichen Leben sein, wie Adoption, verschiedene Formen erzieherischer Tätigkeit, Hilfe für andere Familien, für arme oder behinderte Kinder.

Die Familie, Gemeinschaft von Personen

15. In Ehe und Familie bilden sich vielfältige interpersonale Beziehungen heraus – die bräutliche, die väterliche und mütterliche, die kindliche, die geschwisterliche –, durch die jede menschliche Person in die „Familie der Menschheit" und die „Familie Gottes", die Kirche, eingeführt wird.

Christliche Ehe und Familie bauen die Kirche auf:

[36] Eph 3, 15.

wird doch die menschliche Person in der Familie nicht nur gezeugt und durch die Erziehung allmählich in die menschliche Gemeinschaft eingeführt, sondern durch die Neugeburt in der Taufe und die Glaubenserziehung auch eingeführt in die Familie Gottes, die Kirche.

Die von der Sünde entzweite Menschheitsfamilie wird durch die erlösende Kraft von Christi Tod und Auferstehung in ihrer Einheit wiederhergestellt[37]. Die christliche Ehe hat an der heilbringenden Wirkung dieses Ereignisses Anteil und ist der natürliche Ort, wo sich die Eingliederung der menschlichen Person in die große Familie der Kirche vollzieht.

Der im Anfang an Mann und Frau gerichtete Auftrag, zu wachsen und sich zu vermehren, erreicht auf diese Art seine ganze Wahrheit und seine volle Verwirklichung.

Die Kirche findet so in der aus dem Sakrament geborenen Familie ihre Wiege und den Ort, wo sie sich den Generationen der Menschheit und diese mit sich verbindet.

Ehe und Jungfräulichkeit

16. Die Jungfräulichkeit und die Ehelosigkeit für das Reich Gottes stehen in keinerlei Widerspruch zum hohen Wert der Ehe, sondern setzen ihn voraus und bekräftigen ihn. Ehe und Jungfräulichkeit sind die beiden Weisen, das eine Geheimnis des Bundes zwischen Gott und seinem Volk darzustellen und zu leben. Ohne Achtung für die Ehe kann es auch kei-

[37] Vgl. II. Vatikanisches Konzil, a.a.O., 78.

ne gottgeweihte Jungfräulichkeit geben; wenn die menschliche Sexualität nicht als ein hoher, vom Schöpfer geschenkter Wert betrachtet wird, verliert auch der um des Himmelreiches willen geleistete Verzicht auf sie seine Bedeutung.

Der heilige Johannes Chrysostomus sagt sehr richtig: „Wer die Ehe abwertet, schmälert auch den Glanz der Jungfräulichkeit; wer sie hingegen preist, hebt deren Bewunderungswürdigkeit mehr hervor und macht sie leuchtender. Was nämlich nur durch den Vergleich mit Schlechterem gut erscheint, dürfte kaum besonders gut sein; was jedoch, verglichen mit anerkannt Gutem, noch besser ist, das ist im Übermaß gut."[38]

In der Jungfräulichkeit steht der Mensch - auch leiblich - in der Erwartung der eschatologischen Hochzeit Christi mit der Kirche; er schenkt sich ganz der Kirche und hofft, daß Christus sich der Kirche schenken wird - in der vollen Wahrheit des ewigen Lebens. Der jungfräuliche Mensch nimmt so in seinem Fleisch die neue Welt der kommenden Auferstehung vorweg[39].

Kraft dieses Zeugnisses hält die Jungfräulichkeit in der Kirche das Bewußtsein für das Mysterium der Ehe wach und verteidigt es vor jeder Verkürzung und jeder Verarmung.

Indem sie das Herz des Menschen auf besondere Art frei macht[40] und „es so zu größerer Liebe zu Gott und zu allen Menschen entzündet"[41], bezeugt die Jung-

38 Johannes Chrysostomus, Über die Jungfräulichkeit X: PG 48, 540.

39 Vgl. Mt 22, 30.

40 Vgl. 1 Kor 7, 32-35.

41 II. Vatikanisches Konzil, Dekret über die zeitgemäße Erneuerung des Ordenslebens „Perfectae caritatis", 12.

fräulichkeit, daß das Reich Gottes und seine Gerechtigkeit die kostbare Perle ist, welche verdient, jedem anderen, selbst hohen Wert vorgezogen, ja als einziger endgültiger Wert gesucht zu werden. Deshalb hat die Kirche im Lauf ihrer Geschichte immer die Erhabenheit dieses Charismas über das der Ehe verteidigt, eben aufgrund seiner ganz einzigartigen Verbindung mit dem Reich Gottes[42].

In seinem Verzicht auf leibliche Fruchtbarkeit wird der jungfräuliche Mensch geistlich fruchtbar, wird Vater oder Mutter vieler, hilft mit bei der Verwirklichung der Familie nach dem Plan Gottes.

Die christlichen Eheleute haben daher das Recht, sich von den jungfräulichen Menschen das gute Beispiel und das Zeugnis der Treue zu ihrer Berufung bis zum Tod zu erwarten. Ebenso wie für die Eheleute die Treue manchmal schwierig wird und Opfer, Abtötung und Selbstverleugnung verlangt, so kann dies auch für die jungfräulich Lebenden zutreffen. Die Treue der letzteren, auch in eventueller Prüfung, muß der Treue der ersteren dienen[43].

Diese Überlegungen zur Jungfräulichkeit können auch jenen zur Erleuchtung und zur Hilfe werden, die gegen ihren Willen auf die Ehe verzichten mußten und dann ihre Situation im Geist des Dienens bejaht haben.

42 Vgl. Pius XII., Enzyklika „Sacra virginitas" II: AAS 46 (1954) 174ff.
43 Vgl. Johannes Paul II., Schreiben „Novo incipiente" (8. 4. 1979), 9: AAS 71 (1979) 410f.

Dritter Teil
Die Aufgaben der christlichen Familie

Familie, werde, was du bist!

17. Im Plan Gottes, des Schöpfers und Erlösers, findet die Familie nicht nur ihre „Identität", das, was sie „ist", sondern auch ihre „Sendung", das, was sie „tun" kann und muß. Die Aufgaben, zu deren Erfüllung in der Geschichte die Familie von Gott berufen ist, ergeben sich aus ihrem eigenen Wesen und stellen dessen dynamische und existentielle Entfaltung dar. Jede Familie entdeckt und findet in sich selbst den unüberhörbaren Appell, der gleichzeitig ihre Würde und ihre Verantwortung angibt: Familie, „werde", was du „bist"!

Es ist also für die Familie eine Notwendigkeit, auf den „Anfang" des göttlichen Schöpfungsaktes zurückzugehen, wenn sie nicht nur ihr Wesen, sondern auch ihr geschichtliches Handeln in seiner inneren Wahrheit erkennen und verwirklichen will. Und da die Familie nach Gottes Plan als „innige Gemeinschaft des Lebens und der Liebe" gegründet ist[44], hat sie die Sendung, immer mehr das zu werden, was sie ist, also Gemeinschaft des Lebens und der Liebe - in einer Spannung, die wie bei jeder geschaffenen und erlösten Wirklichkeit ihre Erfüllung im Reich Gottes

44 II. Vatikanisches Konzil, Pastoralkonstitution über die Kirche in der Welt von heute „Gaudium et spes", 48.

finden wird. In einer Perspektive sodann, welche die Grundlagen dieser Wirklichkeit voll einbezieht, muß man sagen, daß das Wesen und die Aufgaben der Familie letztlich von der Liebe her bestimmt sind. Deshalb empfängt die Familie die *Sendung, die Liebe zu hüten, zu offenbaren und mitzuteilen* als lebendigen Widerschein und wirkliche Teilhabe an der Liebe Gottes zu den Menschen und an der Liebe Christi, unseres Herrn, zu seiner Braut, der Kirche.

Die besonderen Aufgaben der Familie sind alle Ausdruck und konkrete Verwirklichung dieser grundlegenden Sendung. Man muß sich also tiefer in den einzigartigen Reichtum der Sendung der Familie versenken und seine mannigfachen und doch zusammengehörigen Inhalte ausloten.

In diesem Sinn - von der Liebe ausgehend und in ständiger Bezugnahme auf sie - hat die jüngste Synode vier allgemeine Aufgaben der Familie hervorgehoben:

1) die Bildung einer Gemeinschaft von Personen,
2) den Dienst am Leben,
3) die Teilnahme an der Entwicklung der Gesellschaft,
4) die Teilnahme an Leben und Sendung der Kirche.

I. DIE BILDUNG EINER GEMEINSCHAFT VON PERSONEN

Die Liebe, Grundlage und Kraft der Gemeinschaft

18. Die von der Liebe begründete und beseelte Familie ist eine Gemeinschaft von Personen: des Ehemanns und der Ehefrau, der Eltern und der Kinder, der Verwandten. Ihre erste Aufgabe ist es, die Wirk-

lichkeit ihrer Einheit treu zu leben in dem ständigen Bemühen, eine echte Gemeinschaft von Personen zu bilden.

Die innere Grundlage, die ständige Kraft und das letzte Ziel dieser Aufgabe ist die Liebe: Wie ohne die Liebe die Familie keine Gemeinschaft von Personen ist, so *kann ohne die Liebe die Familie nicht als Gemeinschaft von Personen leben, wachsen und sich vervollkommnen*. Was ich in der Enzyklika „Redemptor hominis" geschrieben habe, findet seine ursprüngliche und vorzügliche Anwendung gerade in der Familie als solcher: „Der Mensch kann nicht ohne Liebe leben. Er bleibt für sich selbst ein unbegreifliches Wesen; sein Leben ist ohne Sinn, wenn ihm nicht die Liebe geoffenbart wird, wenn er nicht der Liebe begegnet, wenn er sie nicht erfährt und sich zu eigen macht, wenn er nicht lebendigen Anteil an ihr erhält."[45]

Die Liebe zwischen Mann und Frau in der Ehe und, in abgeleiteter und erweiterter Form, die Liebe zwischen den Mitgliedern der gleichen Familie - zwischen Eltern und Kindern, Brüdern und Schwestern, Verwandten und Hausgenossen - ist von einer inneren und bleibenden Dynamik beseelt und getragen, die die Familie zu einer immer tieferen und intensiveren *Einheit* führt, der Grundlage und Seele der Ehe- und Familien-*Gemeinschaft*.

Die unzertrennliche Einheit der Ehegemeinschaft

19. Die erste Gemeinschaft ist die, die sich zwischen den Eheleuten bildet und entwickelt: Kraft des eheli-

[45] Nr. 10: AAS 71 (1979) 274.

chen Liebesbundes sind Mann und Frau „nicht mehr zwei, sondern eins"[46] und berufen, in ihrer Einheit ständig zu wachsen durch die Treue, mit der sie täglich zu ihrem Eheversprechen gegenseitiger Ganzhingabe stehen.

Die Ehegemeinschaft wurzelt in der natürlichen Ergänzung von Mann und Frau und lebt aus dem persönlichen Willen der Gatten, ihr ganzes Leben zu teilen, das, was sie haben, und das, was sie sind. Deshalb ist eine solche Gemeinschaft die Frucht und das Zeichen eines tief menschlichen Anspruchs. Aber in Christus, dem Herrn, sagt Gott ja zu diesem menschlichen Anspruch, bestätigt, läutert und erhebt ihn und führt ihn durch das Ehesakrament zur Vollendung: Der in der sakramentalen Eheschließung geschenkte Heilige Geist eröffnet den christlichen Ehegatten eine neue Gemeinschaft, eine Liebesgemeinschaft, die lebendiges und wirkliches Bild jener einzigartigen Einheit ist, die die Kirche zum unteilbaren Mystischen Leib des Herrn Jesus Christus macht.

Das Geschenk des Geistes ist für die christlichen Ehegatten ein Lebensgebot und zugleich ein Antrieb, täglich zu einer immer reicheren Verbindung miteinander auf allen Ebenen fortzuschreiten - einer Verbindung der Körper, der Charaktere, der Herzen, der Gedanken, der Wünsche, der Seelen[47] - und so der Kirche und der Welt die neue Gemeinschaft der Liebe zu offenbaren, die durch die Gnade Christi geschenkt wird.

Einer solchen Gemeinschaft widerspricht radikal die Polygamie: Sie leugnet in direkter Weise den Plan

[46] Mt 19, 6; vgl. Gen 2, 24.

[47] Vgl. Johannes Paul II., Ansprache an Brautleute (Kinshasa, 3. 5. 1980), 4: AAS 72 (1980) 426f.

Gottes, wie er am Anfang offenbart wurde; denn sie widerspricht der gleichen personalen Würde von Mann und Frau, die sich in der Ehe mit einer Liebe schenken, die total und eben deshalb einzig und ausschließlich ist. Das II. Vatikanische Konzil sagt das mit den Worten: „Wenn wirklich durch die gegenseitige und bedingungslose Liebe die gleiche personale Würde sowohl der Frau wie des Mannes anerkannt wird, wird auch die vom Herrn bestätigte Einheit der Ehe deutlich."[48]

Eine unauflösliche Gemeinschaft

20. Charakteristisch für die Ehegemeinschaft ist nicht nur ihre Einheit, sondern auch ihre Unauflöslichkeit: „Diese innige Vereinigung als gegenseitiges Sichschenken zweier Personen wie auch das Wohl der Kinder verlangen die unbedingte Treue der Gatten und fordern ihre unauflösliche Einheit."[49]

Es ist eine Grundpflicht der Kirche, mit Nachdruck - wie es die Väter der Synode getan haben - die Lehre von der Unauflöslichkeit der Ehe erneut zu betonen. Denen, die es in unseren Tagen für schwierig oder geradezu unmöglich halten, sich für das ganze Leben an einen Menschen zu binden, und denen, die sich von einer kulturellen Strömung mitreißen lassen, die die Unauflöslichkeit der Ehe ablehnt und die Verpflichtung der Gatten zur Treue offen verlacht, muß sie die Frohbotschaft von der Endgültigkeit jener ehelichen Liebe einprägen, die ihr Fundament und ihre Kraft in Jesus Christus hat[50].

[48] II. Vatikanisches Konzil, a.a.O., 49; vgl. Johannes Paul II., a.a.O.
[49] II. Vatikanisches Konzil, a.a.O., 48.
[50] Vgl. Eph 5, 25.

Verwurzelt in der personalen Ganzhingabe der Ehegatten und vom Wohl der Kinder gefordert, findet die Unauflöslichkeit der Ehe ihre letzte Wahrheit in dem Plan, den Gott in seiner Offenbarung kundgetan hat: Er will und schenkt die Unauflöslichkeit der Ehe als Frucht, Zeichen und Anspruch der absolut treuen Liebe, die Gott dem Menschen, die Christus seiner Kirche entgegenbringt.

Christus erneuert den Plan, den der Schöpfer am Anfang in das Herz von Mann und Frau eingeschrieben hat, und schenkt in der Feier des Ehesakraments ein „neues Herz“. So können die Ehegatten nicht nur die „Härte des Herzens“[51] überwinden, sondern auch und vor allem die volle und endgültige Liebe Christi mitvollziehen, der als Gottmensch den neuen und ewigen Bund verkörpert. Wie der Herr Jesus Christus der „treue Zeuge“ ist[52] und das „Ja“ der Verheißungen Gottes[53], also die höchste Verwirklichung der unbedingten Treue, mit der Gott sein Volk liebt, so sind die christlichen Ehegatten berufen, wirklich teilzuhaben an der unwiderruflichen Unauflöslichkeit, welche Christus an seine Braut, die Kirche, bindet, die er geliebt hat bis zur Vollendung[54].

Das Geschenk des Sakraments ist für die christlichen Ehegatten zugleich Berufung und Gebot, einander über alle Prüfungen und Schwierigkeiten hinweg für immer treu zu bleiben, in hochherzigem Gehorsam gegen den heiligen Willen des Herrn: „Was Gott verbunden hat, das darf der Mensch nicht trennen.“[55]

51 Mt 19, 8.
52 Apg 3, 14.
53 Vgl. 2 Kor 1, 20.
54 Vgl. Joh 13, 1.
55 Mt 19, 6.

Den unschätzbaren Wert der Unauflöslichkeit und der ehelichen Treue zu bezeugen ist eine der wichtigsten und dringendsten Pflichten der christlichen Ehepaare in unserer Zeit. Deshalb lobe und ermutige ich, zusammen mit den Mitbrüdern, die an der Bischofssynode teilnahmen, jene zahllosen Ehepaare, die auch unter erheblichen Schwierigkeiten das Gut der Unauflöslichkeit bewahren und entfalten: Sie erfüllen so in schlichter und mutiger Weise die ihnen anvertraute Aufgabe, in der Welt ein „Zeichen" zu sein – ein kleines und wertvolles Zeichen, das manchmal Versuchungen ausgesetzt ist und doch immer wieder erneuert wird – für die unerschütterliche Treue, mit der Gott in Jesus Christus alle Menschen und jeden Menschen liebt. Aber auch der Wert des Zeugnisses jener Ehegatten muß Anerkennung finden, die, obwohl sie vom Partner verlassen wurden, in der Kraft des Glaubens und der christlichen Hoffnung keine neue Verbindung eingegangen sind. Auch diese Ehegatten geben ein authentisches Zeugnis der Treue, dessen die Welt von heute sehr bedarf. Die Hirten und Gläubigen der Kirche schulden ihnen Ermutigung und Hilfe.

Die größere Gemeinschaft der Familie

21. Die Ehegemeinschaft bildet das Fundament, auf dem die größere Gemeinschaft der Familie sich aufbaut, der Eltern und Kinder, der Brüder und Schwestern, der Verwandten und sonstigen Hausgenossen.

Diese Gemeinschaft wurzelt in den natürlichen Banden von Fleisch und Blut und entfaltet sich, wobei sie ihre eigentlich menschliche Vollendung im Entstehen und Reifen der noch tieferen und reicheren Bande des Geistes findet. Die Liebe, die die zwischenmenschlichen Beziehungen der verschiedenen Familienmitglieder beseelt, stellt die innere Kraft dar, welche die familiäre Einheit und Gemeinschaft gestaltet und lebendig macht.

Die christliche Familie ist sodann berufen, die Erfahrung einer neuen und eigenen Einheit zu machen, welche die natürliche und menschliche bestätigt und vervollkommnet. Ist doch die Gnade Jesu Christi, „des Erstgeborenen unter vielen Brüdern“[56], durch ihre Natur und innere Dynamik eine „Gnade der Brüderlichkeit“, wie sie der heilige Thomas von Aquin nennt[57]. Der im Sakrament ausgegossene Heilige Geist ist die lebendige Wurzel und die unerschöpfliche Nahrung der übernatürlichen Gemeinschaft, die die Gläubigen versammelt und mit Christus und untereinander in der Einheit der Kirche Gottes verbindet. Eine spezifische Darstellung und Verwirklichung dieser kirchlichen Gemeinschaft ist die christliche Familie, die deshalb auch „Hauskirche“ genannt werden kann und muß[58].

Alle Mitglieder der Familie haben, jedes nach seinen eigenen Gaben, die Gnade und die Verantwortung, täglich personale Gemeinschaft aufzubauen und dabei aus der Familie eine „Schule reich entfalteter Humanität“ zu machen[59]. Das geschieht durch die sorgende Liebe zu den Kleinen, den Kranken und den Alten,

56 Röm 8, 29.

57 Thomas von Aquin, Summa Th. II-II, 14, 2, ad 4.

58 II. Vatikanisches Konzil, Dogmatische Konstitution über die Kirche „Lumen gentium“, 11; vgl. Dekret über das Apostolat der Laien „Apostolicam actuositatem“, 11.

59 II. Vatikanisches Konzil, Pastoralkonstitution über die Kirche in der Welt von heute „Gaudium et spes“, 52.

durch den täglichen gegenseitigen Dienst, durch das Teilen der Güter, der Freuden und der Leiden.

Ein grundlegendes Element zum Aufbau einer solchen Gemeinschaft bildet der erzieherische Austausch zwischen Eltern und Kindern[60], bei dem jeder gibt und empfängt. Durch die Liebe, die Achtung, den Gehorsam gegen die Eltern leisten die Kinder ihren spezifischen und unersetzlichen Beitrag zum Aufbau einer echt menschlichen und christlichen Familie[61]. Das wird ihnen leichter gemacht, wenn die Eltern ihre unverzichtbare Autorität als einen wirklichen und echten „Dienst" ausüben, der auf das menschliche und christliche Wohl der Kinder ausgerichtet ist, im besonderen darauf, daß diese eine wahrhaft verantwortliche Freiheit gewinnen, und wenn in den Eltern das Bewußtsein des „Geschenks" lebendig bleibt, das ihnen ständig in den Kindern zuteil wird.

Die Familiengemeinschaft kann nur mit großem Opfergeist bewahrt und vervollkommnet werden. Sie verlangt in der Tat eine hochherzige Bereitschaft aller und jedes einzelnen zum Verstehen, zur Toleranz, zum Verzeihen, zur Versöhnung. Jede Familie weiß, wie Ichsucht, Zwietracht, Spannungen und Konflikte ihre Gemeinschaft schwer verletzen und manchmal tödlich treffen: daher die vielfachen und mannigfaltigen Formen von Spaltung im Familienleben. Aber gleichzeitig ist jede Familie immer vom Gott des Friedens gerufen, die frohe und erneuernde Erfahrung der „Versöhnung" zu machen, der wiederhergestellten Gemeinschaft, der wiedergefundenen Einheit. Im besonderen der Empfang des Bußsakraments und die

60 Vgl. Eph 6, 1-4; Kol 3, 20f.
61 Vgl. II. Vatikanisches Konzil, a.a.O., 48.

Teilnahme am Mahl des einen Leibes Christi schenkt der christlichen Familie die Gnade und die Verantwortung, alle Spaltungen zu überwinden und auf die volle Wirklichkeit der von Gott gewollten Gemeinschaft zuzugehen und so dem innigen Wunsch des Herrn zu entsprechen, daß „alle eins seien"[62].

Rechte und Pflichten der Frau

22. Insoweit die Familie eine Einheit und Gemeinschaft von Personen ist und immer mehr werden muß, findet sie in der Liebe die Quelle und den dauernden Antrieb, jedes ihrer Mitglieder in seiner hohen Würde als Person, als lebendiges Abbild Gottes anzunehmen, zu respektieren und zu fördern. Wie die Väter der Synode mit Recht betonten, besteht das sittliche Kriterium für die Echtheit der ehelichen und familiären Beziehungen in der Förderung der Würde und Berufung der einzelnen Personen, die sich in vollkommener Weise finden, wenn sie sich selbstlos hingeben[63].

Unter dieser Rücksicht wollte die Synode der Frau, ihren Rechten und Pflichten in Familie und Gesellschaft, bevorzugte Aufmerksamkeit schenken. In derselben Weise sind auch der Mann als Gatte und Vater, das Kind und die Alten zu betrachten.

Für die Frau ist vor allem zu betonen, daß sie die gleiche Würde und Verantwortung wie der Mann besitzt: Diese Gleichwertigkeit kommt in einzigartiger Weise zur Geltung in der gegenseitigen Selbsthingabe

[62] Joh 17, 21.
[63] Vgl. II. Vatikanisches Konzil, a.a.O., 24.

an den andern und in der gemeinsamen Hingabe an die Kinder, wie sie der Ehe und Familie eigen ist. Was die menschliche Vernunft schon erkennt und anerkennt, wird vom Wort Gottes in der Heilsgeschichte voll enthüllt: Diese ist in der Tat ein durchgehendes, leuchtendes Zeugnis für die Würde der Frau.

Indem Gott den Menschen „als Mann und Frau" erschuf[64], schenkte er dem Mann und der Frau in gleicher Weise personale Würde und gab ihnen jene unveräußerlichen Rechte und Verantwortlichkeiten, die der menschlichen Person zukommen. Sodann offenbarte Gott in der höchsten Form, die möglich ist, die Würde der Frau, indem er selbst von der Jungfrau Maria Fleisch annahm, sie die neue Eva nennen ließ und zum Urbild der erlösten Frau machte. Die hohe Achtung Jesu gegenüber den Frauen, die er in seine Gefolgschaft und seine Freundschaft berief, die Tatsache, daß er am Ostermorgen vor allen anderen Jüngern einer Frau erschien, der Auftrag, den er den Frauen gab, die frohe Botschaft von der Auferstehung den Aposteln zu bringen, das alles bezeugt die besondere Hochschätzung des Herrn Jesus Christus für die Frau. Der Apostel Paulus schreibt: „Ihr seid alle durch den Glauben Söhne Gottes in Christus Jesus ... Es gibt nicht mehr Juden und Griechen, nicht Sklaven und Freie, nicht Mann und Frau; denn ihr alle seid ‚einer' in Christus Jesus."[65]

64 Gen 1, 27.
65 Gal 3, 26-28.

Frau und Gesellschaft

23. Ohne jetzt in die Behandlung der verschiedenen Aspekte des weiten Komplexes der Beziehungen von Frau und Gesellschaft einzutreten und die Beschränkung auf einige wichtige Punkte aufzugeben, muß unbedingt darauf hingewiesen werden, daß im spezifisch familiären Raum eine weitverbreitete gesellschaftliche und kulturelle Tradition der Frau nur die Aufgaben der Ehefrau und Mutter zuordnen wollte, ohne ihr die im allgemeinen dem Mann vorbehaltenen öffentlichen Aufgaben in angemessener Weise zugänglich zu machen.

Zweifellos rechtfertigen die gleiche Würde und Verantwortlichkeit von Mann und Frau voll den Zugang der Frau zu öffentlichen Aufgaben. Andererseits verlangt die wirkliche Förderung der Frau auch, daß der Wert ihrer mütterlichen und familiären Aufgabe im Vergleich mit allen öffentlichen Aufgaben und allen anderen Berufen klare Anerkennung finde. Übrigens müssen solche Aufgaben und Berufe sich gegenseitig integrieren, soll die gesellschaftliche und kulturelle Entwicklung wahrhaft und voll menschlich sein.

Das wird leichter möglich sein, wenn, wie es die Synode erhofft, eine erneuerte „Theologie der Arbeit" die Bedeutung der Arbeit im christlichen Leben ins Licht stellen und vertiefen sowie die fundamentale Verbindung von Arbeit und Familie darlegen wird und somit die eigene und unersetzliche Bedeutung der Hausarbeit und der Kindererziehung[66]. Inzwischen kann und muß die Kirche der gegenwärti-

[66] Vgl. Johannes Paul II., Enzyklika „Laborem exercens", 19: AAS 73 (1981) 625.

gen Gesellschaft helfen, indem sie unermüdlich fordert, daß die Arbeit der Frau im Haus in ihrem unersetzlichen Wert von allen anerkannt und geschätzt wird. Von besonderer Wichtigkeit ist, daß dies in der Erziehungsarbeit Berücksichtigung findet - wird doch die mögliche Diskriminierung unter den verschiedenen Arbeiten und Berufen von der Wurzel her verhindert, sobald klar ist, daß sich alle auf allen Gebieten mit gleichem Recht und gleicher Verantwortung engagieren. So wird das Bild Gottes im Mann und in der Frau strahlender erscheinen.

Wenn man - wie den Männern - auch den Frauen das Recht zur Übernahme der verschiedenen öffentlichen Aufgaben zugesteht, muß aber die Struktur der Gesellschaft so sein, daß die *Ehefrauen und die Mütter nicht praktisch gezwungen sind*, außer Haus zu arbeiten, und daß ihre Familien angemessen leben und gedeihen können, auch wenn sie sich ganz der eigenen Familie widmen.

Man muß darüber hinaus die Einstellung überwinden, nach der sich das Ansehen der Frau eher aus der Arbeit draußen als aus der Tätigkeit in der Familie ergibt. Das verlangt aber, daß die Männer die Frau in voller Achtung ihrer personalen Würde wahrhaft schätzen und lieben und daß die Gesellschaft die geeigneten Bedingungen für die häusliche Arbeit schafft und entwickelt.

Die Kirche muß mit der schuldigen Achtung für die verschiedene Berufung von Mann und Frau im Maß des Möglichen in ihrem eigenen Leben die Gleichheit der Rechte und der Würde von Mann und Frau fördern, und das zum Wohl aller: der Familie, der Gesellschaft und der Kirche.

Es ist aber klar, daß dies alles für die Frau nicht den

Verzicht auf ihre Fraulichkeit noch die Nachahmung des Männlichen bedeutet, sondern die Fülle der wahren fraulichen Menschlichkeit, wie sie sich innerhalb wie außerhalb der Familie in ihrem Tun ausdrücken muß, wobei übrigens die Verschiedenartigkeit der Bräuche und Kulturen auf diesem Gebiet zu beachten ist.

Verletzungen der Würde der Frau

24. Leider widerspricht der christlichen Botschaft von der Würde der Frau jene beharrliche Einstellung, die den Menschen nicht als Person, sondern als Sache betrachtet, als Objekt, das zu kaufen und zu verkaufen ist - im Dienst egoistischen Interesses und bloßen Vergnügens: das erste Opfer dieser Einstellung ist die Frau.

Bittere Früchte solcher Mentalität sind die Herabwürdigung von Mann und Frau, die Sklaverei, die Unterdrückung der Schwachen, die Pornographie, die Prostitution - vor allem in ihrer organisierten Form - und alle Arten von Diskriminierung, zum Beispiel im Bereich der Erziehung, des Berufs und des Arbeitslohns.

Darüber hinaus gibt es in einem großen Teil unserer Gesellschaft auch heute noch viele Formen demütigender Diskriminierung, die einige Gruppen von Frauen schwer treffen und beleidigen, z.B. die kinderlosen Ehefrauen, die Witwen, die Getrennten, die Geschiedenen und die unverheirateten Mütter.

Diese und andere Diskriminierungen wurden von den Synodalen mit allem Nachdruck beklagt. Ich bitte deshalb alle, durch einen stärkeren und gezielteren spezifischen pastoralen Einsatz in dieser Richtung für ihre endgültige Beseitigung zu wirken, damit das Bild Gottes, das in allen Menschen ausnahmslos widerstrahlt, seine volle Würdigung findet.

Der Mann als Ehegatte und Vater

25. In der Ehe- und Familiengemeinschaft ist der Mann dazu berufen, seine Gabe und Aufgabe als Ehegatte und Vater zu leben.

In der Ehefrau sieht er die Erfüllung des göttlichen Plans: „Es ist nicht gut, daß der Mensch allein bleibe. Ich will ihm eine Hilfe machen, die ihm entspricht“[67], und er macht sich den Anruf Adams, des ersten Gatten, zu eigen: „Das endlich ist Fleisch von meinem Fleisch und Gebein von meinem Gebein.“[68]

Die echte eheliche Liebe setzt voraus und fordert, daß der Mann hohe Achtung vor der gleichen Würde der Frau habe: „Du bist nicht ihr Herr“, schreibt der heilige Ambrosius, „sondern ihr Mann; sie ist dir nicht zur Sklavin gegeben, sondern zur Gattin ... Erwidere ihre Aufmerksamkeiten gegen dich und sei ihr dankbar für ihre Liebe.“[69] Mit seiner Gattin muß der Mann eine „ganz besondere Form personaler Freundschaft“ leben[70]. Als Christ ist er sodann berufen, eine neue Haltung der Liebe zu entwickeln und seiner Gattin jene zarte und kraftvolle übernatürliche Liebe zu erweisen, die Christus zu seiner Kirche hat[71].

67 Gen 2, 18.
68 Gen 2, 23.
69 Ambrosius, Exameron V, 7, 19: CSEL 32, I, 154.
70 Paul VI., Enzyklika „Humanae vitae“, 9: AAS 60 (1968) 486.
71 Vgl. Eph 5, 25.

Die Liebe zu einer Frau in ihrer Mutterschaft und die Liebe zu den Kindern sind für den Mann der natürliche Weg, um seine Vaterschaft zu begreifen und zu verwirklichen. Vor allem da, wo die gesellschaftlichen und kulturellen Verhältnisse den Mann leicht zu einer gewissen Vernachlässigung der Familie oder jedenfalls zu einer geringeren Präsenz in der Erziehungsarbeit veranlassen, muß man sich darum bemühen, im gesellschaftlichen Raum wieder die Überzeugung zu wecken, daß der Platz und die Aufgabe des Vaters in der Familie und für sie von einzigartiger und unersetzlicher Bedeutung sind[72]. Wie die Erfahrung lehrt, ruft die Abwesenheit des Vaters in der Familie seelische und moralische Störungen und merkliche Schwierigkeiten in den familiären Beziehungen hervor; dasselbe geschieht in dem entgegengesetzten Fall einer erdrückenden Anwesenheit des Vaters, vor allem da, wo noch das Phänomen des „macismo" besteht, der Anmaßung männlicher Vorrechte, die die Frau erniedrigen und die Entwicklung gesunder Familienbeziehungen verhindern.

Weil der Mann die Vaterschaft Gottes selbst[73] auf Erden sichtbar macht und nachvollzieht, ist er berufen, die gleichmäßige Entwicklung aller Mitglieder der Familie zu gewährleisten. Dieser Aufgabe wird er entsprechen durch ritterlichen Verantwortungssinn für das unter dem Herzen der Mutter empfangene Leben, durch ein bewußteres Miterziehen[74], durch eine Arbeit, die den festen Zusammenhalt der Familie

[72] Vgl. Johannes Paul II., Homilie an die Gläubigen von Terni (19. 3. 1981), 3-5: AAS 73 (1981) 268-271.

[73] Vgl. Eph 3, 15.

[74] Vgl. II. Vatikanisches Konzil, Pastoralkonstitution über die Kirche in der Welt von heute „Gaudium et spes", 52.

nicht beeinträchtigt, sondern fördert, durch ein gelebtes Zeugnis als erwachsener Christ, das die Kinder auf wirksamste Weise in die lebendige Erfahrung Christi und der Kirche einführt.

Die Rechte des Kindes

26. In der Familie als einer Gemeinschaft von Personen muß dem Kind ganz besondere Aufmerksamkeit geschenkt werden, in tiefem Gespür für seine personale Würde, in großer Achtung und selbstlosem Dienst für seine Rechte. Das gilt für jedes Kind, gewinnt aber eine besondere Dringlichkeit, wenn das Kind noch klein und hilflos ist, krank, leidend oder behindert.

Indem die Kirche für jedes Kind, das auf die Welt kommt, eine einfühlende und tatkräftige Sorge zu wecken und zu leben sucht, erfüllt sie eine für sie grundlegende Aufgabe: ist sie doch berufen, in der Geschichte das Beispiel und Gebot Christi kundzutun und immer neu in Erinnerung zu bringen, der das Kind in die Mitte des Gottesreiches stellen wollte: „Laßt die Kinder zu mir kommen ... Denn Menschen wie ihnen gehört das Himmelreich.“[75]

Ich wiederhole hier, was ich am 2. Oktober 1979 vor der Vollversammlung der Vereinten Nationen gesagt habe: „Ich möchte ... der Freude Ausdruck geben, die für jeden von uns die Kinder bedeuten, der Frühling des Lebens, der Anfang der zukünftigen Geschichte eines jeden hier vertretenen Vaterlandes. Kein Land der Welt, kein politisches System kann anders an seine eigene Zukunft denken als mit dem Blick

[75] Lk 18, 16; vgl. Mt 19, 14; Mk 10, 14.

auf diese neuen Generationen, die von ihren Eltern das vielfältige Erbe an Werten, Verpflichtungen und Hoffnungen der Nation, der sie angehören, zusammen mit dem Erbe der gesamten Menschheitsfamilie übernehmen. An der Sorge für das Kind noch vor seiner Geburt, vom ersten Augenblick seiner Empfängnis an, und dann in den Jahren der Kindheit und der Jugendzeit erkennt man zuerst und grundlegend das Verhältnis des Menschen zum Menschen. Was könnte man also einer Nation und der ganzen Menschheit sowie allen Kindern der Welt Besseres wünschen als jene schönere Zukunft, in der die Achtung der Menschenrechte voll und ganz zur Wirklichkeit wird nach den Maßstäben des herannahenden Jahres 2000?"[76]

Annahme, Liebe, Wertschätzung, vielfältige und gemeinsame - materielle, affektive, erzieherische, spirituelle - Hilfen für jedes Kind, das in diese Welt kommt, müssen immer ein unverzichtbares Kennzeichen der Christen sein, im besonderen der christlichen Familien. So können die Kinder „heranwachsen und zunehmen an Weisheit und Gefallen finden bei Gott und den Menschen"[77] und werden ihren wertvollen Beitrag zum Aufbau der Familiengemeinschaft und zur Heiligung der Eltern leisten[78].

Die alten Menschen in der Familie

27. Es gibt Kulturen, die eine besondere Verehrung und eine große Liebe gegenüber dem alten Menschen

[76] Johannes Paul II., Ansprache an die Vollversammlung der Vereinten Nationen (2. 10. 1979), 21: AAS 71 (1979) 1159.
[77] Lk 2, 52.
[78] Vgl. II. Vatikanisches Konzil, a.a.O., 48.

zeigen. Weit davon entfernt, aus der Familie gewiesen oder als unnütze Last ertragen zu werden, bleibt der alte Mensch in das Familienleben einbezogen, nimmt weiter aktiv und verantwortlich daran teil, wenn er auch die Selbständigkeit der neuen Familie respektieren muß; vor allem aber kommt ihm die wertvolle Aufgabe eines Zeugen der Vergangenheit und eines Lehrers der Weisheit für die Jüngeren und deren Zukunft zu.

Andere Kulturen hingegen haben, vor allem infolge einer ungeordneten industriellen und städtebaulichen Entwicklung, die alten Menschen in unannehmbarer Weise an den Rand gedrückt und tun es weiter, was Anlaß bitteren Leids für die Betroffenen und geistiger Verarmung für so viele Familien bietet.

Die Pastoralarbeit der Kirche muß also alle anregen, die Aufgaben der Alten in der bürgerlichen und kirchlichen Gemeinschaft und vor allem in der Familie wiederzuentdecken und fruchtbar zu machen. In der Tat, „das Leben der alten Menschen hilft uns, Licht auf die Stufenleiter der christlichen Werte zu werfen; es zeigt die Kontinuität der Generationen und beweist auf wunderbare Weise die wechselseitige Abhängigkeit im Gottesvolk. Die Alten haben oft das Charisma, Barrieren zwischen den Generationen zu überbrücken, ehe sie entstehen. Wie viele Kinder haben Verständnis und Liebe in den Augen der Alten gefunden, in ihren Worten und ihren Zärtlichkeiten! Und wie viele alte Menschen haben von Herzen das inspirierte Wort aus der Bibel unterschrieben: ‚Eine Krone der Alten sind die Kinder ihrer Kinder‘ (Spr 17, 6)!“[79]

[79] Johannes Paul II., Ansprache an die Teilnehmer des „International Forum on Active Aging“ (5. 9. 1980), 5: Insegnamenti di Giovanni Paolo II, III, 2 (1980) 539.

II. DER DIENST AM LEBEN

1) Die Weitergabe des Lebens

Mitarbeiter des liebenden Schöpfergottes

28. Mit der Erschaffung von Mann und Frau nach seinem Bild und Gleichnis krönt und vollendet Gott das Werk seiner Hände: Er beruft sie zu einer besonderen Teilhabe an seiner Liebe und zugleich an seiner Macht als Schöpfer und Vater durch ihre freie und verantwortliche Mitwirkung bei der Weitergabe des Geschenkes des menschlichen Lebens: „Gott segnete sie, und Gott sprach zu ihnen: Seid fruchtbar und vermehrt euch, bevölkert die Erde und unterwerft sie euch.“[80]

So ist es die grundlegende Aufgabe der Familie, dem Leben zu dienen, im Laufe der Geschichte den Ursegen des Schöpfers zu verwirklichen, in der Zeugung das Gottebenbild von Mensch zu Mensch weiterzugeben[81].

Die Fruchtbarkeit ist Ausfluß und Zeichen der ehelichen Liebe, das lebendige Zeugnis der gegenseitigen Ganzhingabe der Ehegatten: „Ohne Hintansetzung der übrigen Eheziele sind deshalb die echte Gestaltung der ehelichen Liebe und die ganze sich daraus ergebende Natur des Familienlebens dahin ausgerichtet, daß die Gatten von sich aus entschlossen bereit sind zur Mitwirkung mit der Liebe des Schöpfers und Erlösers, der durch sie seine eigene Familie immer mehr vergrößert und bereichert.“[82]

80 Gen 1, 28. 81 Vgl. Gen 5, 1-3.
82 II. Vatikanisches Konzil, Pastoralkonstitution über die Kirche in der Welt von heute „Gaudium et spes“, 50.

Die Fruchtbarkeit der ehelichen Liebe beschränkt sich aber nicht allein auf die Zeugung, auch wenn diese in ihrer spezifisch menschlichen Dimension verstanden und angezielt wird. Sie wird noch weiter und reicher durch all die Früchte sittlichen, geistigen und übernatürlichen Lebens, die Vater und Mutter ihren Kindern und durch ihre Kinder der Kirche und der Welt zu schenken berufen sind.

Die stets alte und zugleich neue Lehre und Norm der Kirche

29. Gerade weil die Liebe der Ehegatten eine einzigartige Teilhabe am Geheimnis des Lebens und der Liebe Gottes selbst ist, weiß die Kirche, daß sie die besondere Sendung empfangen hat, die so hohe Würde der Ehe und die so schwere Verantwortung der Weitergabe des menschlichen Lebens zu wahren und zu schützen.

In Kontinuität mit der lebendigen Tradition der kirchlichen Gemeinschaft durch die Geschichte hin haben so das II. Vatikanische Konzil und das Lehramt meines Vorgängers Paul VI., vor allem in der Enzyklika „Humanae vitae", unserer Zeit eine wahrhaft prophetische Botschaft verkündet, welche die stets alte und zugleich neue Lehre und Norm der Kirche über die Ehe und die Weitergabe menschlichen Lebens deutlich bekräftigt und erneuert.

Deshalb haben die Väter der Synode in ihrer letzten Versammlung wörtlich erklärt: „Diese Heilige Synode, versammelt in der Einheit des Glaubens mit dem Nachfolger Petri, hält fest an dem, was im II. Vatikanischen Konzil (vgl. ‚Gaudium et spes', 50) und dann in der Enzyklika ‚Humanae vitae' dargelegt wird, daß nämlich die eheliche Liebe voll menschlich, ausschließlich und offen für das neue Leben sein muß (‚Humanae vitae', 11, vgl. 9 und 12)."[83]

Die Kirche auf der Seite des Lebens

30. Die Lehre der Kirche trifft heute auf eine gesellschaftliche und kulturelle Situation, die sie schwerer verständlich und gleichzeitig dringender und unersetzlicher macht für die Förderung des wahren Wohls von Mann und Frau.

Denn der dauernde technisch-wissenschaftliche Fortschritt des heutigen Menschen in der Beherrschung der Natur führt nicht nur zur Hoffnung auf eine neue und bessere Menschheit, sondern auch zu einer immer größeren Angst vor der Zukunft. Manche fragen sich, ob es überhaupt gut sei zu leben oder ob es nicht besser wäre, gar nicht geboren zu werden; sie zweifeln, ob es überhaupt erlaubt sei, anderen das Leben zu schenken, die vielleicht einmal ihr Dasein in einer grausamen Welt verfluchen werden, deren Schrecken kaum vorhersehbar sind. Andere beanspruchen die Vorteile des technischen Fortschritts für sich allein und schließen die anderen davon aus, denen sie stattdessen empfängnisverhütende Mittel oder noch ärgere Methoden aufnötigen. Wieder andere sind Op-

[83] Propositio 21. Im Schlußsatz von Nr. 11 der Enzyklika „Humanae vitae" wird folgendes festgestellt: „Indem die Kirche den Menschen die Beobachtung der Normen des Naturgesetzes einschärft, das sie durch ihre stets gleichbleibende Lehre auslegt, lehrt sie, daß jeder eheliche Akt offen bleiben muß für die Weitergabe des Lebens" („ut quilibet matrimonii usus ad vitam humanam procreandam per se destinatus permaneat"): AAS 60 (1968) 488.

fer der Konsummentalität und der ausschließlichen Sorge um ständige Zunahme der materiellen Güter und können den geistigen Wert eines neuen menschlichen Lebens nicht mehr begreifen und bejahen. Letzte Ursache dieser Haltung ist die Abwesenheit Gottes im Herzen der Menschen, dessen Liebe allein alle Ängste der Welt überwiegt und überwindet.

So ist eine lebensfeindliche Haltung (antilife mentality) entstanden, die sich bei vielen aktuellen Fragen bemerkbar macht. Man denke zum Beispiel an eine gewisse Panik, die von demographischen Studien der Ökologen und Futurologen ausgelöst wird, die manchmal die Gefährdung der Lebensqualität durch das Bevölkerungswachstum übertreiben.

Aber die Kirche ist fest überzeugt, daß das menschliche Leben, auch das schwache und leidende, immer ein herrliches Geschenk der göttlichen Güte ist. Gegen Pessimismus und Egoismus, die die Welt verdunkeln, steht die Kirche auf der Seite des Lebens; in jedem menschlichen Leben weiß sie den Glanz jenes „Ja“, jenes „Amen“ zu entdecken, das Christus selbst ist[84]. Dem „Nein“, das in die Welt einbricht und einwirkt, setzt sie dieses lebendige „Ja“ entgegen und verteidigt so den Menschen und die Welt vor denen, die das Leben bekämpfen und ersticken.

Die Kirche ist berufen, aufs neue und mit klarerer und festerer Überzeugung allen ihre Entschlossenheit zu zeigen, das menschliche Leben, ganz gleich, in welcher Lage und in welchem Stadium der Entwicklung es sich befindet, mit allen Mitteln zu fördern und gegen alle Angriffe zu verteidigen.

Deshalb verurteilt die Kirche als schwere Beleidi-

[84] Vgl. 2 Kor 1, 19; Offb 3, 14.

gung der menschlichen Würde und der Gerechtigkeit alle Aktivitäten von Regierungen oder anderen öffentlichen Autoritäten, die in irgendeiner Weise die Freiheit der Ehegatten, über Nachkommenschaft zu entscheiden, zu beschränken versuchen. Dementsprechend ist jede gewaltsame Maßnahme dieser Autoritäten zugunsten der Empfängnisverhütung oder gar der Sterilisation und der Abtreibung völlig zu verurteilen und mit aller Kraft zurückzuweisen. Auf die gleiche Weise ist die Tatsache als schweres Unrecht zu bezeichnen, daß in den internationalen Beziehungen die Wirtschaftshilfe zur Förderung der unterentwickelten Völker von Programmen zur Empfängnisverhütung, Sterilisation und Abtreibung abhängig gemacht wird[85].

Für eine immer vollere Verwirklichung des Planes Gottes

31. Gewiß ist sich die Kirche der zahlreichen und vielschichtigen Probleme bewußt, vor denen heute in vielen Ländern die Eheleute bei ihrem Auftrag, das Leben verantwortlich weiterzugeben, stehen. Sie erkennt durchaus das schwere Problem der Bevölkerungszunahme, wie es sich in verschiedenen Teilen der Welt stellt, und die damit gegebenen sittlichen Fragen an.

Sie ist jedoch der Meinung, daß eine vertiefte und allseitige Sicht dieser Probleme die Wichtigkeit der authentischen Lehre über die Geburtenregelung, wie sie vom II. Vatikanischen Konzil und von der En-

[85] Vgl. Botschaft der VI. Bischofssynode an die christlichen Familien der heutigen Welt (24. 10. 1980), 5.

zyklika „Humanae vitae“ wieder vorgelegt wurde, in neuer und stärkerer Weise bestätigen kann.

Deshalb fühle ich mich zusammen mit den Vätern der Synode verpflichtet, einen dringenden Aufruf an die Theologen zu richten, dem kirchlichen Lehramt mit gemeinsamer Kraft zur Seite zu stehen und dahin zu wirken, daß die biblischen Grundlagen, die ethische Motivation und die personalistische Begründung dieser Lehre immer deutlicher werden. So wird es möglich, im Rahmen einer zusammenhängenden Darstellung die Lehre der Kirche zu diesem wichtigen Thema für alle Menschen guten Willens wirklich zugänglich zu machen und ihr immer klareres und tieferes Verständnis zu fördern: Auf diese Weise kann der Plan Gottes für die Ehe immer vollständiger verwirklicht werden zum Wohl des Menschen und zur Ehre des Schöpfers.

In dieser Hinsicht ist das einmütige Zusammenwirken der Theologen in überzeugter Anlehnung an das Lehramt, der einzigen authentischen Führungsinstanz des Volkes Gottes, auch deshalb dringend gefordert, weil eine innere Verbindung zwischen der katholischen Lehre zu diesem Punkt und der Auffassung vom Menschen, wie die Kirche sie vorträgt, besteht: Zweifel und Irrtümer auf dem Gebiet der Ehe oder Familie führen dazu, daß die ganzheitliche Wahrheit vom Menschen verdunkelt wird, und dies in einer kulturellen Situation, die ohnehin oft genug verworren und widersprüchlich ist. Der Beitrag an Erhellung und Vertiefung, zu dem die Theologen in Erfüllung ihres besonderen Auftrages berufen sind, hat einen unvergleichlichen Wert und stellt eine einzigartige und sehr verdienstvolle Hilfe für die Familie und die gesamte Menschheit dar.

In der ganzheitlichen Sicht des Menschen und seiner Berufung

32. Angesichts einer Kultur, welche die wahre Bedeutung der menschlichen Sexualität schwer entstellt oder sogar völlig verliert, weil sie diese aus ihrem wesentlichen Bezug auf die Person löst, empfindet die Kirche ihren Auftrag, die Sexualität als Wert und Aufgabe der ganzen Person, die als Mann und Frau nach dem Bild Gottes geschaffen wurde, darzustellen, immer dringender und unersetzlicher.

In dieser Hinsicht hat das II. Vatikanische Konzil deutlich festgestellt, daß, „wo es sich um den Ausgleich zwischen ehelicher Liebe und verantwortlicher Weitergabe des Lebens handelt, die sittliche Qualität der Handlungsweise nicht allein von der guten Absicht und der Bewertung der Motive abhängt, sondern auch von *objektiven Kriterien, die sich aus dem Wesen der menschlichen Person und ihrer Akte ergeben* und die sowohl den vollen Sinn gegenseitiger Hingabe als auch den einer wirklich humanen Zeugung in wirklicher Liebe wahren. Das ist nicht möglich ohne aufrichtigen Willen zur Übung der Tugend ehelicher Keuschheit.“[86]

Ausgehend von dieser „ganzheitlichen Sicht des Menschen und seiner Berufung, seiner natürlichen und irdischen wie auch seiner übernatürlichen und ewigen Berufung“[87], hat Paul VI. betont, daß die Lehre der Kirche „beruht auf der untrennbaren Verbindung der zweifachen Bedeutung des ehelichen Aktes, die von Gott gewollt ist und die der Mensch nicht

[86] II. Vatikanisches Konzil, a.a.O., 51.
[87] Enzyklika „Humanae vitae“, 7: AAS 60 (1968) 485.

eigenmächtig aufheben kann, nämlich die liebende Vereinigung und die Fortpflanzung"[88]; und er stellt schlußfolgernd fest, daß jede Handlung als in sich unerlaubt auszuschließen ist, „die sich entweder in Voraussicht oder während des Vollzuges des ehelichen Aktes oder beim Ablauf seiner natürlichen Auswirkungen die Verhinderung der Fortpflanzung zum Ziel oder Mittel zum Ziel setzt"[89].

Wenn die Ehegatten durch Empfängnisverhütung diese beiden Sinngehalte, die der Schöpfergott dem Wesen von Mann und Frau und der Dynamik ihrer sexuellen Vereinigung eingeschrieben hat, auseinanderreißen, liefern sie den Plan Gottes ihrer Willkür aus; sie „manipulieren" und erniedrigen die menschliche Sexualität - und damit sich und den Ehepartner -, weil sie ihr den Charakter der *Ganz*hingabe nehmen. Während die geschlechtliche Vereinigung ihrer ganzen Natur nach ein vorbehaltloses gegenseitiges Sichschenken der Gatten zum Ausdruck bringt, wird sie durch die Empfängnisverhütung zu einer objektiv widersprüchlichen Gebärde, zu einem Sich-nicht-ganz-Schenken. So kommt zur aktiven Zurückweisung der Offenheit für das Leben auch eine Verfälschung der inneren Wahrheit ehelicher Liebe, die ja zur Hingabe in personaler Ganzheit berufen ist.

Wenn dagegen die Ehegatten durch die Zeitwahl den untrennbaren Zusammenhang von Begegnung und Zeugung in der menschlichen Sexualität respektieren, stellen sie sich unter Gottes Plan und vollziehen die Sexualität in ihrer ursprünglichen Dynamik

88 Ebenda, 12: a.a.O., 488f.
89 Ebenda, 14: a.a.O., 490.

der Ganzhingabe, ohne Manipulationen und Verfälschungen[90].

Im Licht der Erfahrung so vieler Ehepaare und der Ergebnisse der verschiedenen Humanwissenschaften kann und muß die Theologie den *anthropologischen und gleichzeitig moralischen Unterschied* erarbeiten und vertiefen, der zwischen der Empfängnisverhütung und dem Rückgriff auf die Zeitwahl besteht. Es handelt sich um einen Unterschied, der größer und tiefer ist, als man gewöhnlich meint, und der letzten Endes mit zwei sich gegenseitig ausschließenden Vorstellungen von Person und menschlicher Sexualität verknüpft ist. Die Entscheidung für die natürlichen Rhythmen beinhaltet ein Annehmen der Zeiten der Person, der Frau, und damit auch ein Annehmen des Dialoges, der gegenseitigen Achtung, der gemeinsamen Verantwortung, der Selbstbeherrschung. Die Zeiten und den Dialog annehmen heißt, den zugleich geistigen und körperlichen Charakter der ehelichen Vereinigung anerkennen und die personale Liebe in ihrem Treueanspruch leben. In diesem Zusammenhang macht das Ehepaar die Erfahrung, daß die eheliche Vereinigung um jene Werte der Zärtlichkeit und Affektivität bereichert wird, die die Seele der menschlichen Geschlechtlichkeit bilden, auch in ihrer leiblichen Dimension. Auf diese Weise wird die Sexualität in ihrer echt und voll menschlichen Dimension geachtet und gefördert, sie wird nicht „benutzt“ wie ein Gegenstand, was die personale Einheit von Seele und Leib auflösen und so die Schöpfung Gottes in ihrer intimsten Verflechtung von Natur und Person verletzen würde.

90 Ebenda, 13: a.a.O., 489.

Die Kirche als Lehrerin und Mutter für Ehepaare in Schwierigkeiten

33. Auch auf dem Gebiet der Ehemoral handelt die Kirche als Lehrerin und Mutter.

Als Lehrerin wird sie nicht müde, die sittliche Norm zu verkünden, welche die verantwortliche Weitergabe des Lebens bestimmen muß. Diese Norm ist nicht von der Kirche geschaffen und nicht ihrem Gutdünken überlassen. In Gehorsam gegen die Wahrheit, die Christus ist, dessen Bild sich in der Natur und der Würde der menschlichen Person spiegelt, interpretiert die Kirche die sittliche Norm und legt sie allen Menschen guten Willens vor, ohne ihren Anspruch auf Radikalität und Vollkommenheit zu verbergen.

Als Mutter steht die Kirche den vielen Ehepaaren zur Seite, die in diesem wichtigen Punkt sittlichen Lebens Schwierigkeiten haben. Sie kennt sehr wohl ihre Lage, die oft belastend und manchmal wirklich quälend ist wegen vielfältiger Schwierigkeiten persönlicher und sozialer Art. Sie weiß, daß viele Ehepaare hier nicht nur im Tun Schwierigkeiten haben, sondern schon im Verstehen der Werte, um die es in der sittlichen Norm geht.

Aber es ist die eine Kirche, die zugleich Lehrerin und Mutter ist. Deswegen hört die Kirche niemals auf, aufzurufen und zu ermutigen, die eventuellen ehelichen Schwierigkeiten zu lösen, ohne je die Wahrheit zu verfälschen oder zu beeinträchtigen. Sie ist nämlich davon überzeugt, daß es zwischen dem göttlichen Gesetz, das Leben weiterzugeben, und jenem, die echte eheliche Liebe zu fördern, keinen wirklichen Widerspruch geben kann[91]. Darum muß die konkrete pastorale Führung der Kirche stets mit ihrer Lehre verbunden sein und darf niemals von ihr getrennt werden. Ich wiederhole deshalb mit derselben Überzeugung die Worte meines Vorgängers: „In keinem Punkte Abstriche an der Heilslehre Christi zu machen ist hohe Form seelsorglicher Liebe.“[92]

Andererseits zeigt die richtige pastorale Führung der Kirche nur dann ihren Realismus und ihre Weisheit, wenn sie sich beharrlich und mutig für die Schaffung und Erhaltung all jener menschlichen - psychologischen, moralischen und geistlichen - Bedingungen einsetzt, die unerläßlich sind, um den sittlichen Wert und die sittliche Norm verstehen und leben zu können.

Es besteht kein Zweifel, daß zu diesen Vorbedingungen auch zu zählen sind: Beharrlichkeit und Geduld, Demut und Starkmut, das kindliche Vertrauen in Gott und seine Gnade, das regelmäßige Gebet sowie der häufige Empfang der Eucharistie und des Bußsakramentes[93]. Dadurch gestärkt, werden die christlichen Eheleute sich der einzigartigen Wirkung lebendig bewußt bleiben, die die Gnade des Ehesakramentes auf alle Bereiche des ehelichen Lebens und somit auch auf ihre Geschlechtlichkeit ausübt: Die Gabe des Heiligen Geistes, von den Eheleuten angenommen und fruchtbar gemacht, hilft ihnen, die menschliche Geschlechtlichkeit nach dem Plan Gottes und als Zeichen der einigenden und fruchtbaren Liebe Christi zu seiner Kirche zu leben.

91 Vgl. II. Vatikanisches Konzil, a.a.O., 51.
92 Enzyklika „Humanae vitae“, 29: AAS 60 (1968) 501.
93 Vgl. ebenda, 25: a.a.O., 498f.

Zu den notwendigen Voraussetzungen zählt aber auch die Kenntnis des Körpers und der Zyklen seiner Fruchtbarkeit. In diesem Sinn muß alles getan werden, daß alle Eheleute und vorher schon die Jugendlichen mit Hilfe einer klaren, rechtzeitigen und soliden Information durch Ehepaare, Ärzte und sonstige Fachleute zu einer solchen Kenntnis gelangen können. Diese Kenntnis muß dann in eine Erziehung zur Selbstbeherrschung einmünden: Von hier aus ergibt sich die absolute Notwendigkeit der Tugend der Keuschheit und der ständigen Erziehung zu ihr. In christlicher Sicht besagt Keuschheit keineswegs eine Verdrängung oder Mißachtung der menschlichen Geschlechtlichkeit; sie bedeutet vielmehr eine geistige Kraft, die die Liebe gegen die Gefahren von Egoismus und Aggressivität zu schützen und zu ihrer vollen Entfaltung zu führen versteht.

Paul VI. hat mit tiefer intuitiver Weisheit und Liebe nichts anderes getan, als der Erfahrung von vielen Ehepaaren Ausdruck verliehen, als er in seiner Enzyklika schrieb: „Die Beherrschung des Trieblebens durch die Vernunft und den freien Willen verlangt zweifelsohne eine gewisse Askese, damit sich die Bekundung ehelicher Liebe bei den Gatten in der rechten Ordnung vollzieht, besonders bei Einhaltung der periodischen Enthaltsamkeit. Diese zur ehelichen Keuschheit gehörende Zucht und Ordnung tut der ehelichen Liebe in keiner Weise Abbruch, sondern verleiht ihr vielmehr einen höheren menschlichen Wert. Sie verlangt zwar eine ständige Anstrengung, aber dank ihres segensreichen Einflusses entfalten die Eheleute ihre Persönlichkeit voll und ganz, indem sie an geistigen Werten reicher werden. Als Früchte bringt sie in das Leben der Familie Frieden und Glück und erleichtert die Lösung der übrigen Probleme. Sie fördert die Aufmerksamkeit gegenüber dem Ehepartner, hilft den Eheleuten, die Selbstsucht, die Feindin wahrer Liebe, zu überwinden, und vertieft das Gefühl der Verantwortung. Die Eltern werden durch sie fähig, einen noch tieferen und wirksameren Einfluß auf die Erziehung der Kinder zu nehmen."[94]

Der sittliche Weg der Eheleute

34. Es ist stets von großer Bedeutung, einen richtigen Begriff von der sittlichen Ordnung, von ihren Werten und Normen zu haben. Diese Bedeutung wächst, je zahlreicher und größer die Schwierigkeiten werden, sie zu beachten.

Gerade weil die sittliche Ordnung den Plan Gottes, des Schöpfers, offenbart und zum Auftrag macht, kann sie nicht etwas den Menschen Demütigendes und Unpersönliches sein. Im Gegenteil, sie entspricht den tiefsten Bedürfnissen des von Gott geschaffenen Menschen und dient somit der vollen Entfaltung seines Menschseins, in jener einfühlenden und bindenden Liebe, mit der Gott selbst jedes Geschöpf beseelt, hält und zu seiner Seligkeit führt.

Doch ist der Mensch, der berufen ist, dem weisen und liebenden Plan Gottes in freier Verantwortung mit seinem Leben zu entsprechen, ein geschichtliches Wesen, das sich Tag für Tag durch seine zahlreichen freien Entscheidungen selbst formt; deswegen kennt, liebt und vollbringt er das sittlich Gute auch in einem stufenweisen Wachsen.

[94] Ebenda, 21: a.a.O., 496.

Auch die Eheleute sind im Bereich ihres sittlichen Lebens auf einen solchen Weg gerufen, getragen vom aufrichtig suchenden Verlangen, die Werte, die das göttliche Gesetz schützt und fördert, immer besser zu erkennen, sowie vom ehrlichen und bereiten Willen, diese in ihren konkreten Entscheidungen zu verwirklichen. Jedoch können sie das Gesetz nicht als ein reines Ideal auffassen, das es in Zukunft einmal zu erreichen gelte, sondern sie müssen es betrachten als ein Gebot Christi, die Schwierigkeiten mit aller Kraft zu überwinden. „Daher kann das sogenannte ‚Gesetz der Gradualität' oder des stufenweisen Weges nicht mit einer ‚Gradualität des Gesetzes' selbst gleichgesetzt werden, als ob es verschiedene Grade und Arten von Gebot im göttlichen Gesetz gäbe, je nach Menschen und Situationen verschieden. Alle Eheleute sind nach dem göttlichen Plan in der Ehe zur Heiligkeit berufen, und diese hehre Berufung verwirklicht sich in dem Maße, wie die menschliche Person fähig ist, auf das göttliche Gebot ruhigen Sinnes im Vertrauen auf die Gnade Gottes und auf den eigenen Willen zu antworten."[95] Dementsprechend gehört es zur pastoralen Führung der Kirche, daß die Eheleute vor allem die Lehre der Enzyklika „Humanae vitae" als normativ für die Ausübung ihrer Geschlechtlichkeit klar anerkennen und sich aufrichtig darum bemühen, die für die Beobachtung dieser Norm notwendigen Voraussetzungen zu schaffen.

Diese pastorale Führung betrifft, wie die Synode betont, das ganze eheliche Leben. Deshalb muß die Aufgabe der Weitergabe des Lebens in die umfassende

[95] Johannes Paul II., Homilie zum Abschluß der VI. Bischofssynode (25. 10. 1980), 8: AAS 72 (1980) 1083.

Sendung des ganzen christlichen Lebens integriert sein, das ohne das Kreuz nicht zur Auferstehung gelangen kann. In solchem Zusammenhang begreift man, warum man das Opfer nicht aus dem Familienleben verbannen kann, sondern vielmehr mit bereitem Herzen annehmen muß, soll die eheliche Liebe sich vertiefen und Quelle inniger Freude werden.

Dieser gemeinsame Weg erfordert Besinnung, Information, geeignete Erziehung der Priester, Ordensleute und Laien, die in der Familienpastoral tätig sind. Sie alle können den Eheleuten auf ihrem menschlichen und geistigen Weg helfen, der das Wissen um die Sünde, das ehrliche Bemühen um die Beobachtung des Sittengesetzes und den Dienst der Versöhnung einschließt. Es ist ferner zu bedenken, daß im Bereich ehelicher Intimität die Willensentscheidungen zweier Personen beteiligt sind, die jedoch zum Einklang in ihrer Denkweise und ihrem Verhalten berufen sind; das erfordert nicht wenig Geduld, Einfühlung und Zeit. Von größter Bedeutung ist in diesem Bereich die einheitliche, sittliche und pastorale Beurteilung von seiten der Priester: Diese Einheit muß sorgfältig gesucht und sichergestellt werden, damit die Gläubigen nicht unter Gewissensnöten zu leiden haben[96].

Der Weg der Eheleute wird also erleichtert, wenn sie in Hochschätzung der Lehre der Kirche und im Vertrauen auf die Gnade Christi, unterstützt und begleitet von den Seelsorgern und der ganzen kirchlichen Gemeinschaft, den befreienden und fördernden Wert echter Liebe entdecken und erleben, die das Geschenk und der Auftrag von Christi Botschaft ist.

96 Paul VI., Enzyklika „Humanae vitae", 28: AAS 60 (1968) 501.

Überzeugungen wecken und konkrete Hilfen anbieten

35. Im Hinblick auf das Problem einer sittlich richtigen Geburtenregelung muß die kirchliche Gemeinschaft zur gegenwärtigen Zeit die Aufgabe übernehmen, Überzeugungen zu wecken und denen konkrete Hilfen anzubieten, die ihre Vater- und Mutterschaft in einer wirklich verantwortlichen Weise leben wollen.

Während die Kirche die Ergebnisse der wissenschaftlichen Forschung für eine genauere Kenntnis der Zyklen der weiblichen Fruchtbarkeit begrüßt und eine entschlossene Ausweitung dieser Studien anregt, kann sie nicht umhin, erneut mit Nachdruck an die Verantwortung all derer zu appellieren - Ärzte, Experten, Eheberater, Erzieher, Ehepaare -, die den Eheleuten wirksam helfen können, ihre Liebe in der Beachtung der Struktur und der Ziele des ehelichen Aktes zu verwirklichen, der diese Liebe zum Ausdruck bringt. Das bedeutet einen umfassenderen, entschlosseneren und systematischeren Einsatz dafür, daß die natürlichen Methoden der Geburtenregelung bekannt, geschätzt und angewandt werden[97].

Ein wertvolles Zeugnis kann und muß von jenen Eheleuten gegeben werden, die durch ihr gemeinsames Bemühen um die periodische Enthaltsamkeit eine reifere persönliche Verantwortlichkeit gegenüber der Liebe und dem Leben gewonnen haben. Wie Paul VI.

[97] Vgl. Johannes Paul II., Ansprache an die Delegierten des „Centre de Liaison des Equipes de Recherche“ (3. 11. 1979), 9: Insegnamenti di Giovanni Paolo II, II, 2 (1979) 1035; vgl. auch Ansprache an die Teilnehmer am Ersten Kongreß für die Familie in Afrika und Europa (15. 2. 1981): „L'Osservatore Romano“, 16. 2. 1981.

schreibt, „übergibt ihnen der Herr die Aufgabe, die Heiligkeit und Milde jenes Gesetzes den Menschen sichtbar zu machen, das die gegenseitige Liebe der Eheleute und ihr Zusammenwirken mit der Liebe Gottes, des Urhebers des menschlichen Lebens, vereint“[98].

2) Die Erziehung

Recht und Pflicht der Eltern, ihre Kinder zu erziehen

36. Die Aufgabe der Erziehung hat ihre Wurzeln in der Urberufung der Eheleute zur Teilnahme am schöpferischen Wirken Gottes. Wenn die Eltern in Liebe und aus Liebe eine neue Person zeugen, die in sich die Berufung zu Wachstum und Entwicklung hat, übernehmen sie eben dadurch die Aufgabe, ihr auch wirksam zu helfen, ein voll menschliches Leben zu führen. Daran hat das II. Vatikanische Konzil erinnert: „Da die Eltern ihren Kindern das Leben schenkten, haben sie die überaus schwere Verpflichtung zur Kindererziehung. Daher müssen sie als die ersten und bevorzugten Erzieher ihrer Kinder anerkannt werden. Ihr Erziehungswirken ist so entscheidend, daß es dort, wo es fehlt, kaum zu ersetzen ist. Den Eltern obliegt es, die Familie derart zu einer Heimstätte der Frömmigkeit und Liebe zu Gott und den Menschen zu machen, daß die gesamte Erziehung der Kinder nach der persönlichen wie der gesellschaftlichen Seite hin davon getragen wird. So ist die Familie die erste

[98] Enzyklika „Humanae vitae“, 25: AAS 60 (1968) 499.

Schule der sozialen Tugenden, deren kein gesellschaftliches Gebilde entraten kann."[99]

Das Recht und die Pflicht der Eltern zur Erziehung sind als *wesentlich* zu bezeichnen, da sie mit der Weitergabe des menschlichen Lebens verbunden sind; als *unabgeleitet und ursprünglich*, verglichen mit der Erziehungsaufgabe anderer, aufgrund der Einzigartigkeit der Beziehung, die zwischen Eltern und Kindern besteht; als *unersetzlich und unveräußerlich*, weshalb sie anderen nicht völlig übertragen noch von anderen in Beschlag genommen werden können.

Außer diesen grundlegenden Merkmalen darf nicht vergessen werden, daß das entscheidendste Element, welches die Erziehungsaufgabe der Eltern schlechthin prägt, die *väterliche und mütterliche Liebe* ist, die im Werk der Erziehung ihre Vollendung zum vollen und vollkommenen Dienst am Leben findet. Die Liebe der Eltern bleibt nicht nur *Quelle*, sie wird die *Seele* und somit die *Norm*, die das gesamte konkrete erzieherische Wirken prägt und leitet und mit jenen Werten wie Verständnis, Beständigkeit, Güte, Dienen, Selbstlosigkeit und Opferbereitschaft bereichert, die die kostbarsten Früchte der Liebe sind.

Erziehung zu den Grundwerten des menschlichen Lebens

37. Trotz der Schwierigkeiten in der Erziehung, die heute oft noch drückender geworden sind, müssen die Eltern mit Vertrauen und Mut die Kinder zu den

[99] Erklärung über die christliche Erziehung „Gravissimum educationis", 3.

Grundwerten des menschlichen Lebens heranbilden. Die Kinder müssen aufwachsen in angemessener Freiheit gegenüber den materiellen Gütern, indem sie sich einen einfachen und anspruchslosen Lebensstil aneignen in der Überzeugung, daß „der Wert des Menschen mehr in dem liegt, was er ist, als in dem, was er hat“[100].

In einer Gesellschaft, die aufgrund gewalttätiger Auseinandersetzungen zwischen verschiedenen Individualismen und Egoismen von Spannungen und Konflikten erschüttert und zerstritten ist, müssen die Kinder sich nicht nur ein Gespür für wahre Gerechtigkeit aneignen, die allein die Achtung der personalen Würde eines jeden Menschen gewährleistet, sondern auch und vor allem das Gespür für wahre Liebe als aufrichtige Sorge und selbstlosen Dienst für die anderen, besonders für die Ärmsten und Bedürftigsten. Die Familie ist die erste und grundlegende Schule sozialen Verhaltens: Als Liebesgemeinschaft findet sie im Sichverschenken das Gesetz, das sie leitet und wachsen läßt. Die Selbsthingabe, welche die Liebe der Ehegatten zueinander prägt, bietet sich auch als Modell und Norm für jene selbstlose Hingabe an, die sich in den Beziehungen zwischen den Geschwistern und zwischen den verschiedenen Generationen verwirklichen soll, die in der Familie zusammenleben. Die täglich zu Hause erlebte und gelebte Gemeinschaft und Anteilnahme in Freud und Leid bildet die konkreteste und wirksamste Schule für die aktive, verantwortliche und erfolgreiche Eingliederung der Kinder in den größeren Raum der Gesellschaft.

100 II. Vatikanisches Konzil, Pastoralkonstitution über die Kirche in der Welt von heute „Gaudium et spes“, 35.

Die Erziehung zur Liebe als Hingabe seiner selbst ist auch die unerläßliche Voraussetzung für die Eltern in ihrer Aufgabe, den Kindern eine klare und taktvolle *Geschlechtserziehung* zu vermitteln. Angesichts einer Kultur, die in weiten Kreisen die menschliche Geschlechtlichkeit „banalisiert", weil sie diese in verkürzter und verarmter Weise interpretiert und lebt, indem sie sie einzig mit dem Leib und dem egoistisch verstandenen Vergnügen in Verbindung setzt, muß der erzieherische Dienst der Eltern entschieden auf eine Kultur der Geschlechtlichkeit hinzielen, die wahrhaft und voll menschlich ist; die Geschlechtlichkeit ist ja ein Reichtum der ganzen Person - Leib, Gemüt und Seele - und zeigt ihre tiefste Bedeutung darin, daß sie die Person zur Hingabe ihrer selbst in der Liebe führt.

Die Geschlechtserziehung, Grundrecht und -pflicht der Eltern, muß immer unter ihrer sorgsamen Leitung erfolgen, sei es zu Hause, sei es in den von ihnen für ihre Kinder gewählten Bildungsstätten, deren Kontrolle ihnen zusteht. In diesem Sinn betont die Kirche das Prinzip der Subsidiarität, das die Schule beobachten muß, wenn sie sich an der Geschlechtserziehung beteiligt; sie hat sich dabei vom gleichen Geist leiten zu lassen wie die Eltern.

In diesem Zusammenhang ist die *Erziehung zur Keuschheit* völlig unverzichtbar als einer Tugend, die die wahre Reifung der Person fördert und sie befähigt, die „bräutliche Bedeutung" des Leibes zu achten und zu entfalten. Die christlichen Eltern werden sogar - sollten sie die Zeichen einer göttlichen Berufung erkennen - der Erziehung zur Jungfräulichkeit eine besondere Aufmerksamkeit und Sorge widmen und in ihr die höchste Form jener Selbsthingabe sehen, welche den Sinn der menschlichen Geschlechtlichkeit bildet.

Aufgrund der engen Verbindungen zwischen der geschlechtlichen Dimension der Person und ihren ethischen Werten muß die Erziehung die Kinder dazu führen, die sittlichen Normen als notwendige und wertvolle Garantie für ein verantwortliches persönliches Wachsen in der menschlichen Geschlechtlichkeit zu erkennen und zu schätzen.

Deshalb wendet sich die Kirche entschieden gegen eine gewisse, vielfach verbreitete Art sexueller Information; losgelöst von sittlichen Grundsätzen, ist sie nichts anderes als eine Einführung in die Erfahrung des Vergnügens und ein Anreiz, der den Kindern - schon in den Jahren der Unschuld - ihre Unbefangenheit nimmt und den Weg des Lasters öffnet.

Der Erziehungsauftrag und das Ehesakrament

38. Für die christlichen Eltern hat der Erziehungsauftrag, der, wie schon gesagt, in ihrer Teilnahme am Schöpfungswerk Gottes gründet, eine neue und spezifische Quelle im Ehesakrament, das sie für eine wahrhaft christliche Erziehung der Kinder weiht, das heißt dazu beruft, an der Autorität und der Liebe Gottes, des Vaters, und Christi, des Göttlichen Hirten, wie auch an der mütterlichen Liebe der Kirche teilzunehmen, und sie mit der Gabe der Weisheit, des Rates, der Stärke und jeder anderen Gabe des Heiligen Geistes ausstattet, damit sie den Kindern in ihrem menschlichen und christlichen Reifungsprozeß beistehen können.

Die Erziehungsaufgabe empfängt vom Ehesakrament die Würde und Berufung, ein echtes und wirkliches „Amt" der Kirche zur Auferbauung ihrer Glieder zu sein. Der erzieherische Dienst der christlichen Eltern ist von solcher Größe und Würde, daß der heilige Thomas nicht zögert, ihn mit dem Amt der Priester zu vergleichen: „Einige vermitteln und schützen das geistige Leben durch ein Amt, das rein geistiger Natur ist: es ist dies die Aufgabe des *Weihe*sakraments; andere tun dies hinsichtlich des leiblichen und geistigen Lebens zugleich: und das geschieht durch das *Ehe*sakrament, in welchem Mann und Frau sich verbinden, um Kinder zu zeugen und zur Gottesverehrung zu erziehen."[101]

Das lebendige und wache Bewußtsein von dem im Ehesakrament empfangenen Auftrag wird den christlichen Eltern helfen, sich mit froher Zuversicht und starkem Vertrauen der Erziehungsaufgabe zu widmen, eingedenk zugleich ihrer großen Verantwortung vor Gott, der sie zur Auferbauung der Kirche in ihren Kindern ruft und sendet. So wird die Familie der Getauften, die vom göttlichen Wort und Sakrament als Hauskirche zusammengeführt ist, wie die große Kirche zugleich zur Mutter und Lehrerin.

Die erste Erfahrung von Kirche

39. Die Erziehungsaufgabe verlangt, daß die christlichen Eltern den Kindern all das vermitteln, was für die stufenweise Reifung ihrer Persönlichkeit in christlicher und kirchlicher Hinsicht notwendig ist. Sie werden also den weiter oben angeführten erzieheri-

101 Thomas von Aquin, Summa contra Gentiles IV, 58.

schen Leitlinien folgen und sich bemühen, den Kindern aufzuzeigen, zu welcher Tiefe und welchem Reichtum der Glaube und die Liebe zu Jesus Christus sie zu führen vermögen. Ferner wird das Bewußtsein, daß der Herr ihnen das Heranwachsen eines Gotteskindes, eines Bruders, einer Schwester Christi, eines Tempels des Heiligen Geistes, eines Gliedes der Kirche anvertraut, die christlichen Eltern in ihrer Aufgabe bestärken, in der Seele ihrer Kinder das Geschenk der göttlichen Gnade zu festigen.

Das II. Vatikanische Konzil beschreibt den Inhalt der christlichen Erziehung auf folgende Weise: „Diese erstrebt nicht nur die ... Reifung der menschlichen Person, sondern zielt hauptsächlich darauf ab, daß die Getauften, indem sie allmählich in das Heilsmysterium eingeführt werden, der empfangenen Gabe des Glaubens immer mehr bewußt werden. Sie sollen lernen, Gott, den Vater, im Geist und in der Wahrheit (vgl. Joh 4, 23) vornehmlich durch die Mitfeier der Liturgie anzubeten und ihr eigenes Leben nach dem neuen Menschen in Gerechtigkeit und wahrer Heiligkeit (Eph 4, 22-24) zu gestalten. So sollen sie zur Mannesreife gelangen, zum Vollmaß des Alters Christi (vgl. Eph 4, 13), und sich um den Aufbau des mystischen Leibes mühen. Überdies sollen sie sich im Bewußtsein ihrer Berufung darin einüben, Zeugnis abzulegen für die Hoffnung, die in ihnen ist (vgl. 1 Petr 3, 15), und an der christlichen Weltgestaltung mitzuhelfen."[102]

Auch die Synode hat – im Anschluß an die Gedanken des Konzils und in deren Fortführung – die Erzie-

102 Erklärung über die christliche Erziehung „Gravissimum educationis", 2.

hungsaufgabe der christlichen Familie als ein echtes Amt dargestellt, durch welches das Evangelium vermittelt und verbreitet wird bis zu dem Punkt, daß das Familienleben selbst zu einem Weg des Glaubens und in gewisser Weise christliche Initiation und Schule der Nachfolge Christi wird. In der Familie, die sich dieses Geschenkes bewußt ist, „verkünden alle Familienmitglieder das Evangelium, und es wird ihnen verkündet", wie Paul VI. schreibt[103].

Kraft dieses Erziehungsauftrags sind die Eltern durch ihr Lebenszeugnis die ersten Verkünder des Evangeliums für ihre Kinder. Mehr noch, sie werden, indem sie mit den Kindern beten, mit ihnen das Wort Gottes lesen und sie durch die christliche Initiation in das innerste Geheimnis des - eucharistischen und kirchlichen - Leibes Christi eingliedern, auf vollkommene Weise Eltern, das heißt Eltern nicht nur des leiblichen Lebens, sondern auch desjenigen, das durch die Erneuerung im Heiligen Geist aus Christi Kreuz und Auferstehung strömt.

Damit die christlichen Eltern ihren erzieherischen Auftrag würdig erfüllen können, haben die Synodalen den Wunsch geäußert, daß ein geeigneter *Familienkatechismus* erarbeitet werde: klar und kurz und so gestaltet, daß er von allen leicht angeeignet werden kann. Die Bischofskonferenzen wurden herzlich gebeten, sich für die Schaffung eines solchen Katechismus einzusetzen.

103 Apostolisches Schreiben „Evangelii nuntiandi", 71: AAS 68 (1976) 60f.

Beziehungen zu anderen Erziehungsinstanzen

40. Die Familie ist die erste, aber nicht die einzige und ausschließliche Erziehungsgemeinschaft: Die soziale Dimension des Menschen, zivil und kirchlich gesehen, verlangt und bedingt von sich aus ein umfassenderes, gegliedertes Werk als Ergebnis der geordneten Zusammenarbeit verschiedener Erziehungsinstanzen. Diese Instanzen sind alle notwendig, wenn auch jede einzelne nach der jeweiligen Kompetenz ihren speziellen Beitrag leisten kann und muß[104].

Die Erziehungsaufgabe der christlichen Familie hat daher in einer Gesamtpastoral einen bedeutenden Platz; das beinhaltet eine neue Form der Zusammenarbeit zwischen den Eltern und den christlichen Gemeinschaften, zwischen den verschiedenen Erziehungsgruppen und den Seelsorgern. In diesem Sinn muß bei der Erneuerung der katholischen Schule eine besondere Aufmerksamkeit sowohl den Eltern der Schüler als auch der Formung des Lehrkörpers zu einer idealen erzieherischen Gemeinschaft geschenkt werden.

Das Recht der Eltern auf die freie Wahl einer Erziehung, die mit ihrem religiösen Glauben in Einklang steht, muß unbedingt gewährleistet sein.

Der Staat und die Kirche haben die Pflicht, den Familien alle möglichen Hilfen zu geben, damit sie ihre Erziehungsaufgaben in angemessener Weise wahrnehmen können. Dafür müssen beide jene Institutionen und Aktivitäten schaffen und fördern, die die Familien berechtigterweise fordern; die Hilfe muß der

104 Vgl. II. Vatikanisches Konzil, Erklärung über die christliche Erziehung „Gravissimum educationis", 3.

Hilfsbedürftigkeit der Familien entsprechen. Dabei dürfen all jene, denen in der Gesellschaft die Schulen anvertraut sind, niemals vergessen, daß die Eltern von Gott selbst als die ersten und hauptsächlichen Erzieher der Kinder bestellt sind und daß ihr Recht ganz und gar unveräußerlich ist.

Diesem Recht aber entspricht bei den Eltern die schwere Pflicht, mit ganzem Einsatz ein herzliches und aktives Verhältnis zu den Lehrern und Schulleitern zu pflegen.

Wenn in den Schulen Ideologien gelehrt werden, die zum christlichen Glauben in Widerspruch stehen, muß die Familie zusammen mit anderen Familien, wenn möglich durch Familienvereinigungen, mit allen Kräften und mit Klugheit den Jugendlichen helfen, sich nicht dem Glauben zu entfremden. In diesem Fall hat die Familie besondere Hilfen von seiten der Seelsorger nötig, die nicht vergessen dürfen, daß die Eltern das unverletzliche Recht haben, ihre Kinder der kirchlichen Gemeinschaft anzuvertrauen.

Ein vielfältiger Dienst am Leben

41. Die fruchtbare eheliche Liebe bringt ihren Dienst am Leben in vielfältigen Formen zum Ausdruck, von denen die Zeugung und die Erziehung die unmittelbarsten, die eigentlichsten und unersetzbarsten sind. In der Tat, jeder Akt echter Liebe zum Menschen bezeugt und vervollkommnet die geistige Fruchtbarkeit der Familie, weil er sich von der tiefen inneren Dynamik der Liebe als Hingabe seiner selbst an die anderen leiten läßt.

An diesem Zusammenhang, der für alle von großem

Wert und voller Verpflichtung ist, werden sich besonders jene Eheleute orientieren, denen Kinder versagt geblieben sind.

Die christlichen Familien, die im Glauben alle Menschen als Kinder des gemeinsamen Vaters im Himmel erkennen, werden sich auch hochherzig den Kindern anderer Familien zuwenden und ihnen nicht als Fremden, sondern als Gliedern der einen Familie der Kinder Gottes ihre Hilfe und Liebe schenken. Die christlichen Eltern können auf diese Weise ihre Liebe über die Bande der Blutsverwandtschaft hinaus ausweiten und jene Verbundenheit fördern, die im Geistigen ihre Wurzeln hat und sich im konkreten Dienst an den Kindern anderer Familien entfaltet, denen oft sogar das Notwendigste fehlt.

Die christlichen Familien werden eine größere Bereitschaft zu Adoption oder Annahme von Kindern zu finden wissen, die ihrer Eltern beraubt oder von ihnen verlassen worden sind. Während diese Kinder dadurch, daß sie die affektive Geborgenheit einer Familie wiederfinden, Gott als den liebenden und fürsorgenden Vater, wie er von den christlichen Eltern bezeugt wird, erfahren und so unbeschwert und mit Vertrauen zum Leben aufwachsen können, wird die ganze Familie durch die reichen geistigen Früchte einer umfassenderen Brüderlichkeit beschenkt.

Die Fruchtbarkeit der Familien muß stets schöpferisch sein - als wunderbare Frucht des Geistes Gottes, der die Augen des Herzens öffnet, um die neuen Bedürfnisse und Leiden unserer Gesellschaft zu entdecken, und dazu ermutigt, sich ihrer anzunehmen und eine Antwort darauf zu geben. Hier tut sich den Familien ein weites Wirkungsfeld auf; noch besorgniserregender als die Vernachlässigung von Kindern ist heute nämlich das Phänomen der sozialen und kulturellen Verdrängung an den Rand der Gesellschaft, welche die Alten, Kranken, Behinderten, Süchtigen, Haftentlassenen und viele andere schmerzlich trifft.

Auf diese Weise weitet sich der Horizont der Vaterschaft und Mutterschaft der christlichen Familien ganz entscheidend; ihre geistig fruchtbare Liebe wird von den genannten und vielen anderen Nöten unserer Zeit herausgefordert. Mit den Familien und durch sie übt der Herr weiter „Mitleid mit den Menschen".

III. DIE TEILNAHME DER FAMILIE AN DER GESELLSCHAFTLICHEN ENTWICKLUNG

Die Familie als Grund- und Lebenszelle der Gesellschaft

42. „Der Schöpfer aller Dinge hat die eheliche Gemeinschaft zum Ursprung und Fundament der menschlichen Gesellschaft bestimmt"; so ist die Familie die „Grund- und Lebenszelle der Gesellschaft" geworden[105].

Die Familie ist in lebendiger, organischer Weise mit der Gesellschaft verbunden; denn durch ihren Auftrag, dem Leben zu dienen, bildet sie deren Grundlage und ständigen Nährboden. In der Familie wachsen ja die Bürger heran, und dort finden sie auch ihre erste Schule für jene sozialen Tugenden, die das Leben und die Entwicklung der Gesellschaft von innen her tragen und gestalten.

105 II. Vatikanisches Konzil, Dekret über das Apostolat der Laien „Apostolicam actuositatem", 11.

So ergibt sich aus der Natur und Berufung der Familie, daß sie sich auf keinen Fall in sich selbst verschließen darf, sondern sich vielmehr auf die anderen Familien und die Gesellschaft hin öffnen und so ihre gesellschaftliche Aufgabe wahrnehmen muß.

Das Familienleben als Erfahrung von Gemeinschaft und Anteilnahme

43. Gerade die Erfahrung von Gemeinschaft und Anteilnahme, die das tägliche Leben in der Familie prägen soll, stellt auch ihren ersten und grundlegenden Beitrag für die Gesellschaft dar.

Die Beziehungen zwischen den Mitgliedern der Familiengemeinschaft werden vom Gesetz des *unentgeltlichen Schenkens* geprägt und geleitet, das in allen und in jedem einzelnen die Personwürde als einzig entscheidenden Wertmaßstab achtet und fördert, woraus sodann herzliche Zuneigung und Begegnung im Gespräch, selbstlose Einsatzbereitschaft und hochherziger Wille zum Dienen sowie tiefempfundene Solidarität erwachsen können.

So wird die Förderung einer echten und reifen Gemeinschaft von Personen in der Familie zu einer ersten unersetzlichen Schule für gemeinschaftliches Verhalten, zu einem Beispiel und Ansporn für weiterreichende zwischenmenschliche Beziehungen im Zeichen von Achtung, Gerechtigkeit, Dialog und Liebe.

Auf diese Weise ist die Familie, wie die Väter der Synode in Erinnerung gerufen haben, der ursprüngliche Ort und das wirksamste Mittel zur Humanisierung und Personalisierung der Gesellschaft; sie wirkt auf die ihr eigene und tiefreichende Weise mit bei der Gestaltung der Welt, indem sie ein wahrhaft menschliches Leben ermöglicht, und das vor allem durch den Schutz und die Vermittlung von Tugenden und Werten. Nach den Worten des II. Vatikanischen Konzils „leben in der Familie verschiedene Generationen zusammen und helfen sich gegenseitig, um zu größerer Weisheit zu gelangen und die Rechte der einzelnen Personen mit den anderen Notwendigkeiten des gesellschaftlichen Lebens zu vereinbaren"[106].

Angesichts einer Gesellschaft, die in Gefahr ist, den Menschen immer mehr seiner personalen Einmaligkeit zu berauben und zur „Masse" zu machen und so selbst unmenschlich und menschenfeindlich zu werden mit der negativen Folge so vieler Fluchtversuche – wie zum Beispiel Alkoholismus, Drogen und auch Terrorismus –, besitzt und entfaltet die Familie auch heute noch beträchtliche Energien, die imstande sind, den Menschen seiner Anonymität zu entreißen, in ihm das Bewußtsein seiner Personwürde wachzuhalten, eine tiefe Menschlichkeit zu entfalten und ihn als aktives Mitglied in seiner Einmaligkeit und Unwiederholbarkeit der Gesellschaft einzugliedern.

Der gesellschaftliche und politische Auftrag

44. Der gesellschaftliche Auftrag der Familie darf sich gewiß nicht auf Zeugung und Erziehung beschränken, auch wenn er darin seine erste und unersetzliche Ausdrucksweise findet.

Die Familien können und müssen sich deshalb –

[106] Pastoralkonstitution über die Kirche in der Welt von heute „Gaudium et spes", 52.

einzeln oder im Verband - vielfältigen gesellschaftlichen Aufgaben widmen, vor allem im Dienst an den Armen und allgemein an jenen Personen und Lebenssituationen, welche die öffentliche Organisation der Vorsorge und Fürsorge nicht zu erreichen vermag.

Der soziale Beitrag der Familie hat seinen besonderen Charakter, der noch mehr bewußtgemacht und stärker gefördert werden muß; und das vor allem, während die Kinder allmählich heranwachsen, so daß möglichst alle Glieder der Familie wirksam einbezogen werden[107].

Im einzelnen muß die wachsende Bedeutung hervorgehoben werden, die in der heutigen Gesellschaft der Gastfreundschaft in all ihren Formen zukommt, vom Öffnen der Tür des eigenen Hauses und noch mehr des eigenen Herzens für die Anliegen der Mitmenschen bis hin zum konkreten Einsatz, jeder Familie das eigene Heim zu sichern als naturgegebenen Ort für ihr Bestehen und Wachsen. Vor allem die christliche Familie ist berufen, die Aufforderung des Apostels zu beherzigen: „Gewährt jederzeit Gastfreundschaft!“[108] und nach dem Vorbild und in der Liebe Christi den notleidenden Bruder aufzunehmen: „Wer einem von diesen Kleinen auch nur einen Becher frisches Wasser zu trinken gibt, weil es ein Jünger ist - amen, ich sage euch: Er wird gewiß nicht um seinen Lohn kommen.“[109]

Der gesellschaftliche Auftrag der Familie soll sich auch in Formen *politischen Handelns* äußern, das heißt, die Familien müssen als erste sich dafür einset-

107 Vgl. II. Vatikanisches Konzil, Dekret über das Apostolat der Laien „Apostolicam actuositatem“, 11.
108 Röm 12, 13.
109 Mt 10, 42.

zen, daß die Gesetze und Einrichtungen des Staates die Rechte und Pflichten der Familie nicht nur nicht beeinträchtigen, sondern positiv stützen und verteidigen. In diesem Sinne sollen die Familien sich dessen immer mehr bewußt werden, daß in erster Linie sie selbst im Bereich der sogenannten „Familienpolitik" die Initiative ergreifen müssen; sie sollen die Verantwortung für die Veränderung der Gesellschaft übernehmen. Sonst werden die Familien die ersten Opfer jener Übel sein, die sie vorher nur gleichgültig betrachtet haben. Der Appell des II. Vatikanischen Konzils, die individualistische Ethik zu überwinden, hat darum seine Bedeutung auch für die Familie als solche[110].

Die Gesellschaft im Dienst an der Familie

45. Wie die sehr enge Verbindung zwischen Familie und Gesellschaft die Öffnung der Familie für die Gesellschaft und ihre Teilnahme an deren Entwicklung erfordert, so verlangt sie umgekehrt, daß die Gesellschaft stets ihrem grundlegenden Auftrag nachkommt, ihrerseits die Familie zu achten und zu fördern.

Gewiß ergänzen Familie und Gesellschaft einander bei der Verteidigung und Förderung des Wohles aller und jedes einzelnen. Aber die Gesellschaft, und hier vor allem der Staat, muß anerkennen, daß die Familie „eine Gemeinschaft eigenen und ursprünglichen Rechtes"[111] ist, und hat deshalb die ernste Verpflich-

110 Vgl. Pastoralkonstitution über die Kirche in der Welt von heute „Gaudium et spes", 30.

111 Vgl. II. Vatikanisches Konzil, Erklärung über die Religionsfreiheit „Dignitatis humanae", 5.

tung, sich in den jeweiligen Beziehungen zur Familie an das Subsidiaritätsprinzip zu halten.

Kraft dieses Prinzips kann und darf der Staat nicht den Familien jene Aufgaben entziehen, welche diese als einzelne oder im freien Verband ebenso gut erfüllen können, sondern muß soweit wie irgend möglich die eigenverantwortliche Initiative der Familien fördern und anregen. In der Überzeugung, daß das Wohl der Familie einen unersetzlichen und unverzichtbaren Wert für das Zusammenleben der Bürger darstellt, müssen die staatlichen Autoritäten ihr Möglichstes tun, um den Familien alle jene Hilfen auf wirtschaftlichem, sozialem, erzieherischem, politischem und kulturellem Gebiet zu sichern, die sie brauchen, um in menschenwürdiger Weise ihrer vollen Verantwortung nachkommen zu können.

Die Charta der Familienrechte

46. Das Ideal gegenseitiger Hilfe und Förderung zwischen Familie und Gesellschaft stößt oft, und zwar sehr massiv, auf die harte Wirklichkeit, daß beide voneinander getrennt, ja sogar in einen Gegensatz zueinander geraten sind.

In der Tat, so beklagt es die Synode immer wieder, ist die Lage sehr vieler Familien in verschiedenen Ländern mit zahlreichen Problemen verbunden, ja oft genug ausgesprochen belastet: Institutionen und Gesetze mißachten willkürlich die unverletzlichen Rechte der Familie, ja der menschlichen Person, und die Gesellschaft geht, anstatt sich in den Dienst der Familie zu stellen, gegen deren Werte und Grundbedürfnisse gewaltsam vor. Die Familie, die im Plane Gottes die erste Lebenszelle der Gesellschaft und noch vor dem Staat und jeder anderen Gemeinschaft Träger von Rechten und Pflichten ist, wird so zum Opfer einer Gesellschaft, deren Hilfsmaßnahmen oft schleppend oder zu spät kommen und die ihr gegenüber sogar offenkundige Ungerechtigkeit begeht.

Darum verteidigt die Kirche offen und nachdrücklich die Rechte der Familie vor den untragbaren Anmaßungen der Gesellschaft und des Staates. Im einzelnen haben die Väter der Synode unter anderem folgende Rechte der Familie genannt:

- das Recht, als Familie zu leben und sich zu entwickeln, das heißt das Recht jedes Menschen, besonders auch der Armen, eine Familie zu gründen und sie mit den nötigen Mitteln zu unterhalten;
- das Recht, die eigene Verantwortung in der Weitergabe des Lebens und in der Erziehung der Kinder wahrzunehmen;
- das Recht auf Intimität für den ehelichen und familiären Bereich;
- das Recht auf Dauerhaftigkeit der ehelichen Bindung und Institution;
- das Recht, einen Glauben zu haben, ihn zu bekennen und zu verbreiten;
- das Recht, die Kinder nach den eigenen religiösen wie kulturellen Traditionen und Werten mit den notwendigen Hilfen, Mitteln und Einrichtungen zu erziehen;
- das Recht auf leibliche, soziale, politische und wirtschaftliche Sicherheit, besonders der Armen und der Kranken;
- das Recht auf eine geeignete Wohnung, die ein angemessenes Familienleben ermöglicht;

- das Recht, die eigenen Anliegen vor den wirtschaftlichen, sozialen und kulturellen Behörden auf oberer und unterer Ebene auszudrücken und zu vertreten, sei es persönlich oder mit Hilfe von Verbänden;
- das Recht, mit anderen Familien und Institutionen Verbände zu bilden, um die eigenen Aufgaben gut und schnell erfüllen zu können;
- das Recht, die Minderjährigen vor schädlichen Drogen, Pornographie, Alkoholismus usw. mit Hilfe von entsprechenden Einrichtungen und Gesetzgebungen zu schützen;
- das Recht auf eine sinnvolle Freizeit, die auch die Werte der Familie fördert;
- das Recht der alten Menschen auf ein menschenwürdiges Leben und Sterben;
- das Recht, als Familie auswandern zu können, um bessere Lebensbedingungen zu suchen[112].

Der Heilige Stuhl wird die ausdrückliche Bitte der Synode aufgreifen und diese Anregungen durch die Erstellung einer „Charta der Familienrechte" weiterführen, die den in Frage kommenden Gremien und Autoritäten überreicht werden soll.

Gnade und Verantwortung der christlichen Familie

47. Der gesellschaftliche Auftrag, der jeder Familie eigen ist, kommt der christlichen Familie, die auf das Ehesakrament gegründet ist, aus einem neuen und eigenständigen Grunde zu. Indem dieses Sakrament die menschliche Wirklichkeit ehelicher Liebe in all ihren Bezügen aufgreift, befähigt und verpflichtet es die

112 Vgl. Propositio 42.

christlichen Ehegatten und Eltern ihre Berufung als Laien zu leben, und so „in der Behandlung und gottgewollten Gestaltung der weltlichen Dinge das Reich Gottes zu suchen“[113].

Der gesellschaftliche und politische Auftrag gehört zu jener königlichen, dienenden Sendung, an der die christlichen Eheleute kraft des Ehesakramentes teilhaben. Dabei erhalten sie einen Auftrag, dem sie sich nicht entziehen können, und empfangen zugleich eine Gnade, die sie darin stützt und ermutigt.

So ist die christliche Familie dazu berufen, allen Zeugnis zu geben von einem hochherzigen und selbstlosen Einsatz für die sozialen Probleme, vorzugsweise zugunsten der Armen und Verstoßenen. Auf dem Wege der Nachfolge des Herrn in einer tiefen Liebe zu allen Armen muß die christliche Familie darum in besonderer Weise ein Herz haben für die Hungernden, die Bedürftigen, die Alten, die Kranken, die Süchtigen, die Alleinstehenden.

Für eine neue internationale Ordnung

48. Angesichts der weltweiten Dimension, die die verschiedenen sozialen Probleme heute aufweisen, erfährt die Familie, wie sich ihr Auftrag für die Entwicklung der Gesellschaft in bisher nicht gekannten Ausmaßen erweitert. Es geht darum, auch an einer neuen internationalen Ordnung mitzuwirken; denn nur in weltweiter Solidarität können die ungeheuren dramatischen Probleme der Gerechtigkeit in der

113 II. Vatikanisches Konzil, Dogmatische Konstitution über die Kirche „Lumen gentium“, 31.

Welt, der Freiheit der Völker und des Friedens unter den Menschen angegangen und gelöst werden.

Die geistige Gemeinschaft der christlichen Familien, die im selben Glauben und in der gemeinsamen Hoffnung wurzeln und von der Liebe belebt werden, bildet eine innere Energie, die unter den Menschen Gerechtigkeit und Versöhnung, Brüderlichkeit und Frieden aufkeimen, sich ausbreiten und entfalten läßt. Als „kleine Kirche" ist die christliche Familie, ähnlich wie die „große Kirche", dazu berufen, Zeichen der Einheit für die Welt zu sein und so ihr prophetisches Amt auszuüben, indem sie Christi Herrschaft und Frieden bezeugt, woraufhin die ganze Welt unterwegs ist.

Die christlichen Familien können dies durch ihr erzieherisches Wirken tun, indem sie ihren Kindern das Beispiel eines Lebens geben, das sich auf die Werte der Wahrheit und Freiheit, der Gerechtigkeit und der Liebe gründet, oder durch einen aktiven und verantwortlichen Einsatz für echt menschliches Wachsen der Gesellschaft und ihrer Institutionen oder auch durch verschiedene Formen der Unterstützung von Vereinigungen, die sich in besonderer Weise den Problemen der internationalen Ordnung widmen.

IV. DIE TEILNAHME DER FAMILIE AM LEBEN UND AN DER SENDUNG DER KIRCHE

Die Familie im Geheimnis der Kirche

49. Zu den grundlegenden Aufgaben der christlichen Familie gehört ihr kirchlicher Auftrag: Sie ist zum Dienst am Aufbau des Reiches Gottes in der Geschichte berufen, indem sie am Leben und an der Sendung der Kirche teilnimmt.

Um die Grundlagen, Inhalte und Eigenschaften dieser Teilnahme besser zu verstehen, muß man den vielfältigen tiefen Bindungen zwischen der Kirche und der christlichen Familie nachgehen, durch die diese zu einer „Kirche im Kleinen" (Ecclesia domestica – Hauskirche)[114] wird und in ihrer Weise ein lebendiges Bild und eine Vergegenwärtigung des Geheimnisses der Kirche in der Zeit darstellt.

Es ist zunächst die Mutter Kirche, welche der christlichen Familie das Leben schenkt, sie erzieht und wachsen läßt, indem sie die Heilssendung, die sie von ihrem Herrn empfangen hat, an der Familie vollzieht. Durch die Verkündigung des Wortes Gottes enthüllt die Kirche der christlichen Familie deren wahre Identität, das, was sie nach dem Plan des Herrn ist und sein soll. Durch die Feier der Sakramente bereichert und bestärkt die Kirche die christliche Familie mit der Gnade Christi, damit sie heilig werde zur Ehre Gottes, des Vaters. Durch die unablässige Verkündigung des neuen Gebotes der Liebe inspiriert und führt die

[114] Vgl. II. Vatikanisches Konzil, a.a.O., 11; Dekret über das Apostolat der Laien „Apostolicam actuositatem", 11; Johannes Paul II., Homilie zur Eröffnung der VI. Bischofssynode (26. 9. 1980), 3: AAS 72 (1980) 1008.

Kirche die christliche Familie zur dienenden Liebe, auf daß sie dieselbe sich verschenkende und aufopfernde Liebe, die der Herr Jesus Christus für die ganze Menschheit hegt, nachvollziehe und lebe.

Die christliche Familie ihrerseits ist dem Geheimnis der Kirche so tief eingefügt, daß sie auf ihre Art an deren Heilssendung teilnimmt: Die christlichen Ehegatten und Eltern haben kraft des Sakramentes „in ihrem Lebensstand und in ihrem Wirkbereich ihre besondere Gabe im Gottesvolk“[115]. Darum *empfangen* sie nicht nur die Liebe Christi und werden dadurch eine *erlöste* Gemeinschaft, sondern sind auch dazu berufen, diese Liebe Christi an die Mitmenschen *weiterzugeben* und so auch *erlösende* Gemeinschaft zu werden. Während die christliche Familie so Frucht und Erweis der übernatürlichen Fruchtbarkeit der Kirche ist, wird sie zugleich Symbol und Zeugin für diese Mutterschaft der Kirche, an der sie aktiv teilnimmt[116].

Ein besonderer und eigener kirchlicher Auftrag

50. Die christliche Familie ist dazu berufen, aktiv und verantwortlich an der Sendung der Kirche mit einem besonderen und eigenen Beitrag teilzunehmen, indem sie sich selber mit ihrem Sein und Handeln als *innige Liebes- und Lebensgemeinschaft* in den Dienst an Kirche und Gesellschaft stellt.

Wenn die christliche Familie eine Gemeinschaft ist, deren innere Bindungen von Christus durch den Glauben und die Sakramente auf eine neue Ebene er-

[115] II. Vatikanisches Konzil, Dogmatische Konstitution über die Kirche „Lumen gentium“, 11.
[116] Vgl. ebenda, 41.

hoben sind, muß ihre Teilnahme an der Sendung der Kirche *eine gemeinschaftliche Note* tragen. Gemeinsam also, die Gatten *als Ehepaar* und die Eltern mit den Kindern *als Familie*, müssen sie ihren Dienst für Kirche und Welt vollziehen. Sie müssen im Glauben „ein Herz und eine Seele" sein[117] durch die gemeinsame apostolische Gesinnung, die sie beseelt, und durch die Zusammenarbeit, die sie bei ihrem Einsatz im Dienst an der kirchlichen und bürgerlichen Gemeinschaft verbindet.

Die christliche Familie erbaut das Reich Gottes in der Geschichte ferner durch dieselben täglichen Wirklichkeiten, die ihre besondere *Lebenssituation* betreffen und prägen. So ist es gerade *die Liebe in Ehe und Familie* mit ihrem außerordentlichen Reichtum an Werten und Aufgaben im Zeichen der Ganzheit und Einmaligkeit, der Treue und der Fruchtbarkeit[118], durch die sich die Teilnahme der christlichen Familie an der prophetischen, priesterlichen und königlichen Sendung Jesu Christi und seiner Kirche ausdrückt und verwirklicht; Liebe und Leben bilden deshalb den Wesenskern der Heilssendung der christlichen Familie in der Kirche und für die Kirche.

Daran erinnert das II. Vatikanische Konzil, wenn es schreibt: „Von ihrem reichen geistlichen Leben soll die Familie auch anderen Familien in hochherziger Weise mitgeben. Daher soll die christliche Familie – entsteht sie doch aus der Ehe, die das Bild und die Teilhabe am Liebesbund Christi mit der Kirche ist – die lebendige Gegenwart des Erlösers in der Welt und die wahre Natur der Kirche allen kundmachen so-

117 Vgl. Apg 4, 32.
118 Vgl. Paul VI., Enzyklika „Humanae vitae", 9: AAS 60 (1968) 486f.

wohl durch die Liebe der Gatten in hochherziger Fruchtbarkeit, in Einheit und Treue als auch in der bereitwilligen Zusammenarbeit aller ihrer Glieder.“[119]

Nachdem so das Fundament für die Teilnahme der christlichen Familie an der Sendung der Kirche dargelegt ist, soll nun im folgenden ihr Inhalt aufgewiesen werden, und zwar in seinem dreifachen Bezug auf Jesus Christus, den *Propheten, Priester* und *König*; somit soll die christliche Familie 1) als glaubende und verkündende Gemeinschaft, 2) als Gemeinschaft im Dialog mit Gott sowie 3) als Gemeinschaft im Dienst am Menschen dargestellt werden.

1) Die christliche Familie als glaubende und verkündende Gemeinschaft

Der Glaube läßt den Plan Gottes für die Familie entdecken und bewundern

51. Durch die Teilnahme am Leben und an der Sendung der Kirche, die das Wort Gottes hörend empfängt und es mit festem Vertrauen verkündet[120], lebt die christliche Familie ihren prophetischen Auftrag, indem auch sie das Wort Gottes annimmt und weitergibt. So wird sie von Tag zu Tag mehr zu einer gläubigen und verkündenden Gemeinschaft.

Auch von den christlichen Ehegatten und Eltern ist der Gehorsam des Glaubens gefordert[121]. Sie sind dazu

119 Pastoralkonstitution über die Kirche in der Welt von heute „Gaudium et spes“, 48.

120 Vgl. II. Vatikanisches Konzil, Dogmatische Konstitution über die göttliche Offenbarung „Dei Verbum“, 1.

121 Vgl. Röm 16, 26.

aufgerufen, das Wort Gottes anzunehmen, das ihnen die herrliche Neuheit - die Frohe Botschaft - ihres Lebens in Ehe und Familie verkündet, welches durch Christus Heil empfängt und wirkt. Denn nur im Glauben können sie ja wahrnehmen und in froher Dankbarkeit bewundern, zu welcher Würde Gottes heiliger Wille Ehe und Familie erhoben hat, indem er sie zum Zeichen und Ort des Liebesbundes zwischen Gott und den Menschen, zwischen Jesus Christus und seiner Braut, der Kirche, gemacht hat.

Bereits die Vorbereitung auf eine christliche Ehe stellt sich als ein Glaubensweg dar. Sie bietet eine hervorragende Gelegenheit, daß die Verlobten den Glauben, den sie in der Taufe empfangen und während ihrer christlichen Erziehung entfaltet haben, neu entdecken und vertiefen. Auf diese Weise anerkennen und übernehmen sie in Freiheit die Berufung, im Ehestand Christus nachzufolgen und dem Reiche Gottes zu dienen.

Grundlegende Bedeutung für den Glauben der Brautleute hat die Feier des Ehesakramentes, das in seinem inneren Wesen Verkündigung der Frohbotschaft über die eheliche Liebe in der Kirche ist. Es ist Gottes Wort, das seinen weisen und liebenden Plan für die Brautleute enthüllt und vollzieht, der sie zur geheimnisvollen, aber realen Teilnahme an der Liebe Gottes zur Menschheit führt. Wenn die Trauung in sich selbst Verkündigung des Wortes Gottes ist, muß sie bei allen, die die Feier tragen oder mitvollziehen, zu einem Glaubensbekenntnis werden, das in der Kirche, der Gemeinschaft der Glaubenden, und zusammen mit ihr abgelegt wird.

Dieses Glaubensbekenntnis will im Laufe des Lebens der Ehegatten und der Familie weitervollzogen werden; Gott, der die Gatten *zur* Ehe berufen hat, ruft sie *in* der Ehe weiterhin an[122]. Durch die Ereignisse, Probleme, Schwierigkeiten des täglichen Lebens und in diesen begegnet ihnen Gott, der ihnen die konkreten Anforderungen vor Augen stellt, die sich im Hinblick auf ihre jeweilige familiäre, gesellschaftliche und kirchliche Lage aus ihrer Teilnahme an der Liebe Christi zu seiner Kirche ergeben.

Die Entdeckung und Befolgung des Planes Gottes muß in Ehe und Familie gemeinschaftlich geschehen durch die menschliche Erfahrung der Liebe, die im Geiste Christi zwischen den Gatten, zwischen den Eltern und Kindern gelebt wird.

Aus diesem Grunde muß, wie die „große Kirche", auch die kleine Hauskirche ständig und gründlich in die Frohbotschaft tiefer eingeführt werden. Hieraus ergibt sich die Aufgabe einer fortwährenden Glaubenserziehung.

Der Verkündigungsauftrag der christlichen Familie

52. In dem Maße, wie die christliche Familie das Evangelium annimmt und im Glauben reift, wird sie zu einer verkündigenden Gemeinschaft. Paul VI. hat hierzu gesagt: „Die Familie muß wie die Kirche ein Raum sein, wo die Frohbotschaft weitergegeben wird und überzeugend aufleuchtet. Im Schoß einer Familie, die sich dieser Sendung bewußt ist, verkünden alle Familienmitglieder das Evangelium und empfangen es zugleich voneinander. Die Eltern vermitteln nicht nur ihren Kindern die Frohbotschaft, sondern auch

122 Vgl. Paul VI., Enzyklika „Humanae vitae", 25: AAS 60 (1968) 498.

die Kinder können diese ihren Eltern in besonderer Lebendigkeit wiederschenken. Eine solche Familie wirkt verkündigend auch auf viele andere Familien und auf die gesamte Umwelt, in der sie lebt."[123]

Wie die Synode betonte, indem sie meinen Appell von Puebla wiederholte, wird die Evangelisierung in Zukunft zu einem großen Teil von der „Hauskirche" abhängen[124]. Diese apostolische Sendung der Familie wurzelt in der Taufe und empfängt durch die sakramentale Gnade der Ehe eine neue Kraft, die heutige Gesellschaft nach den Absichten Gottes zu heiligen und zu verändern.

Vor allem heute hat die christliche Familie eine besondere Berufung, den Bund mit dem auferstandenen Herrn zu bezeugen, indem sie beständig die Freude erkennen läßt, die aus der Liebe entsteht, und die Gelassenheit, die aus der Hoffnung kommt, von der sie Rechenschaft geben soll: „Die christliche Familie verkündet mit lauter Stimme die gegenwärtige Wirkkraft des Reiches Gottes wie auch die Hoffnung auf das ewige Leben."[125]

Die absolute Notwendigkeit einer Katechese im Rahmen der Familie ergibt sich mit besonderer Dringlichkeit in bestimmten Situationen, welche die Kirche mit Bedauern mancherorts vorfindet: „Dort, wo eine antireligiöse Gesetzgebung jede andere Form der Glaubenserziehung zu verhindern sucht oder wo verbreiteter Unglaube oder eine uferlose Verweltli-

123 Apostolisches Schreiben „Evangelii nuntiandi", 71: AAS 68 (1976) 60f.

124 Vgl. Ansprache an die III. Vollversammlung der Bischöfe von Lateinamerika (28. 1. 1979), IVa: AAS 71 (1979) 204.

125 II. Vatikanisches Konzil, Dogmatische Konstitution über die Kirche „Lumen gentium", 35.

chung ein wirkliches Wachstum im Glauben praktisch unmöglich machen, bleibt die sogenannte Hauskirche der einzige Ort, an dem Kinder und Jugendliche eine echte Glaubensunterweisung erhalten können."[126]

Ein ekklesialer Dienst

53. Der Verkündigungsdienst der christlichen Eltern hat seine eigene Prägung und ist unersetzlich; er nimmt die Eigenschaften an, welche das Familienleben als solches kennzeichnen sollen: Liebe, Einfachheit, Lebensnähe und tägliches Zeugnis[127].

Die Familie muß die Kinder so für das Leben formen, daß jedes entsprechend der von Gott empfangenen Berufung seine Aufgabe ganz erfüllen kann. Eine Familie, die offen ist für die transzendenten Werte, die den Brüdern in Freude dient, die hochherzig und treu ihre Aufgaben erfüllt und sich ihrer täglichen Teilnahme am österlichen Geheimnis des Kreuzes Christi bewußt ist, eine solche Familie wird zum ersten und besten Seminar für die Berufung zu einem dem Reiche Gottes geweihten Leben.

Der Dienst der Eltern als Verkünder und Katecheten muß das Leben ihrer Kinder auch in den Jahren der Pubertät und der Jugend begleiten, wenn diese den christlichen Glauben, den sie in den ersten Jahren ihres Lebens empfangen haben, oft kritisieren oder sogar zurückweisen. Wie sich in der Kirche das Werk

[126] Johannes Paul II., Apostolisches Schreiben „Catechesi tradendae", 68: AAS 71 (1979) 1334.
[127] Vgl. ebenda, 36: a.a.O., 1308.

der Verkündigung nie getrennt vom Leiden des Apostels vollzieht, so müssen in der christlichen Familie die Eltern mit Mut und großer Gelassenheit des Herzens den Schwierigkeiten begegnen, auf die ihr Verkündigungsdienst manchmal bei den eigenen Kindern stößt.

Man muß sich also immer bewußt bleiben, daß der Dienst der christlichen Gatten und Eltern am Evangelium von seinem Wesen her ein kirchliches Tun ist, eingebettet in den Zusammenhang der ganzen Kirche als einer das Evangelium hörenden und verkündenden Gemeinschaft. Die Verwurzelung und Begründung in der einen Sendung der Kirche und die Hinordnung auf die Erbauung des einen Leibes Christi[128] machen es notwendig, daß der Verkündigungs- und Unterweisungsdienst der Hauskirche mit allen anderen entsprechenden Diensten in der kirchlichen Gemeinschaft der Pfarrei und des Bistums verantwortungsbewußt abgestimmt wird.

Das Evangelium allen Geschöpfen verkünden

54. Universalität ohne Grenzen ist der Horizont einer von missionarischem Eifer beseelten Verkündigung; ist sie doch die Antwort auf den ausdrücklichen und eindeutigen Befehl Christi: „Geht hinaus in die ganze Welt, und verkündet das Evangelium allen Geschöpfen.“[129]

Auch der Glaube und der Verkündigungsauftrag der christlichen Familie sind von diesem „katholi-

128 Vgl. 1 Kor 12, 4-6; Eph 4, 12f.
129 Mk 16, 15.

schen" Missionsgeist geprägt. Das Sakrament der Ehe, das den Tauf- und Firmungsauftrag zur Verteidigung und Verkündigung des Glaubens wiederaufgreift[130], macht die christlichen Gatten und Eltern zu Zeugen Christi „bis an die Grenzen der Erde"[131], zu wahren „Missionaren" der Liebe und des Lebens.

Eine gewisse Form missionarischen Wirkens kann bereits im Inneren der Familie stattfinden. Das geschieht, wenn eines ihrer Mitglieder keinen Glauben hat oder nicht konsequent aus ihm lebt. Dann müssen die anderen Familienmitglieder ihm ein gelebtes Glaubenszeugnis bieten, das ihm neue Kraft gibt und dabei hilft, auf dem Weg zur vollen Bejahung Christi, unseres Heils, voranzukommen[132].

Schon im eigenen Leben vom Missionsgeist beseelt, ist die Hauskirche berufen, ein leuchtendes Zeichen der Gegenwart Christi und seiner Liebe auch für die „Fernstehenden" zu sein, für die Familien, die noch nicht glauben, und für jene christlichen Familien, deren Leben dem einst empfangenen Glauben nicht mehr entspricht; sie ist berufen, „durch Beispiel und Zeugnis . . . jene, die die Wahrheit suchen, zu erleuchten"[133].

Wie schon im frühen Christentum das Beispiel des missionarischen Ehepaares Aquila und Priszilla aufleuchtet[134], so bezeugt die Kirche heute ihre ungebrochene Frische und Blüte durch christliche Ehepaare und Familien, die wenigstens für eine bestimmte Zeit

130 Vgl. II. Vatikanisches Konzil, Dogmatische Konstitution über die Kirche „Lumen gentium", 11.

131 Apg 1, 8.

132 Vgl. 1 Petr 3, 1f.

133 Vgl. II. Vatikanisches Konzil, a.a.O., 35; Dekret über das Apostolat der Laien „Apostolicam actuositatem", 11.

134 Vgl. Apg 18; Röm 16, 3f.

in die Mission gehen, um das Evangelium zu verkünden, indem sie dem Menschen mit der Liebe Jesu Christi dienen.

Im Missionsanliegen der Kirche leisten die christlichen Familien einen besonderen Beitrag, indem sie unter ihren Söhnen und Töchtern missionarische Berufungen fördern[135], und überhaupt durch eine Erziehung, in der sie „ihre Kinder . . . von klein auf dazu befähigen, daß sie die Liebe Gottes gegen alle Menschen immer mehr erkennen“[136].

2) Die christliche Familie, eine Gemeinschaft im Gespräch mit Gott

Die Familie, Hausheiligtum der Kirche

55. Die Verkündigung des Evangeliums und seine Annahme im Glauben erreichen ihre Fülle in der sakramentalen Feier. Die glaubende und verkündigende Gemeinschaft der Kirche ist auch priesterliches Volk; sie hat teil an der Würde und Vollmacht Christi, des Hohenpriesters des neuen und ewigen Bundes[137].

Auch die christliche Familie gehört zur Kirche, zum priesterlichen Volk. Durch das Ehesakrament, in dem sie gründet und aus dem sie ihre Kraft schöpft, wird sie dauernd von Jesus, dem Herrn, belebt und zum Dialog mit Gott berufen und verpflichtet, zum Dialog

135 Vgl. II. Vatikanisches Konzil, Dekret über die Missionstätigkeit der Kirche „Ad gentes“, 39.

136 II. Vatikanisches Konzil, Dekret über das Apostolat der Laien „Apostolicam actuositatem“, 30.

137 Vgl. II. Vatikanisches Konzil, Dogmatische Konstitution über die Kirche „Lumen gentium“, 10.

durch das sakramentale Leben, durch den Einsatz der eigenen Existenz und durch das Gebet.

Das ist die *priesterliche Aufgabe*, welche die christliche Familie in tiefster Verbundenheit mit der ganzen Kirche durch den Alltag ehelichen und familiären Lebens verwirklichen kann und muß; so ist sie *berufen, sich selbst sowie die kirchliche Gemeinschaft und die Welt zu heiligen.*

Die Eheschließung, Sakrament gegenseitiger Heiligung und Akt der Gottesverehrung

56. Ureigenste Quelle und Hilfe zur Heiligung ist für die Gatten und die christlichen Familien das Sakrament der Ehe. In ihm wird die heiligmachende Gnade der Taufe aufgegriffen und bekommt sie eine neue, eigene Prägung. Kraft des Geheimnisses von Christi Tod und Auferstehung, in das die christliche Ehe die Getauften in neuer Weise einwurzelt, wird die eheliche Liebe geläutert und geheiligt: „Diese Liebe hat der Herr durch eine besondere Gabe seiner Gnade und Liebe geheiligt, vollendet und erhöht.“[138]

Die Gabe Jesu Christi erschöpft sich nicht in der Feier des Ehesakramentes, sondern begleitet die Gatten durch ihr ganzes Leben. Ausdrücklich weist das II. Vatikanische Konzil darauf hin, wenn es sagt, daß Jesus Christus „fernerhin bei ihnen bleibt, damit die Gatten sich in gegenseitiger Hingabe und ständiger Treue lieben, so wie er selbst die Kirche geliebt und sich für sie hingegeben hat ... So werden die

[138] II. Vatikanisches Konzil, Pastoralkonstitution über die Kirche in der Welt von heute „Gaudium et spes“, 49.

christlichen Gatten in den Pflichten und der Würde ihres Standes durch ein eigenes Sakrament gestärkt und gleichsam geweiht. In der Kraft dieses Sakramentes erfüllen sie ihre Aufgabe in Ehe und Familie. Im Geist Christi, durch den ihr ganzes Leben von Glaube, Hoffnung und Liebe durchdrungen wird, gelangen sie mehr und mehr zu ihrer eigenen Vervollkommnung, zur gegenseitigen Heiligung und so gemeinsam zur Verherrlichung Gottes."[139]

Die allgemeine Berufung zur Heiligkeit gilt auch den christlichen Gatten und Eltern. Sie bekommt für sie eine eigene Prägung durch das empfangene Sakrament und verwirklicht sich im besonderen Rahmen ehelichen und familiären Lebens[140]. Hieraus ergeben sich die Gnade und die Verpflichtung zu einer echten und tiefen *Spiritualität der Ehe und Familie* mit den Themen von Schöpfung, Bund, Kreuz, Auferstehung und Zeichen, die von der Bischofssynode mehrmals berührt wurden.

Wie alle Sakramente, die „hingeordnet sind auf die Heiligung der Menschen, auf den Aufbau des Leibes Christi und schließlich auf die Gott geschuldete Verehrung"[141], ist die christliche Eheschließung in sich selbst ein liturgischer Akt der Gottesverherrlichung in Jesus Christus und in der Kirche. Durch die Feier der Trauung bekennen die christlichen Gatten ihre Dankbarkeit gegen Gott für das ihnen zuteil gewordene hohe Geschenk, daß sie in ihrem Ehe- und Familienleben die Liebe Gottes selbst nachvollziehen dür-

139 Ebenda, 48.

140 Vgl. II. Vatikanisches Konzil, Dogmatische Konstitution über die Kirche „Lumen gentium", 41.

fen, die Liebe Gottes zu den Menschen und die Liebe Christi zu seiner Braut, der Kirche.

Und wie sich aus dem Sakrament für die Gatten die Gabe und die Aufgabe ergeben, täglich die empfangene Heiligung zu leben, so kommt aus diesem Sakrament auch die Gnade und die Verpflichtung, ihr ganzes Leben in ein geistliches Opfer[142] ohne Unterlaß umzuwandeln. Auch für die christlichen Gatten und Eltern gelten besonders auf Grund der irdischen und zeitlichen Wirklichkeiten, die ihr Leben prägen, die Worte des Konzils: „So weihen auch die Laien die Welt an Gott, wenn sie im Geist der Anbetung allenthalben heiligmäßig wirken.“[143]

Ehe und Eucharistie

57. Die Heiligung als Auftrag der christlichen Familie hat ihre erste Wurzel in der Taufe und ihren höchsten Ausdruck in der Eucharistie, mit der die christliche Ehe tief verbunden ist. Das II. Vatikanische Konzil hat die besondere Beziehung zwischen Eucharistie und Ehe betont, wenn es verlangt: „Die Trauung möge in der Regel innerhalb der Messe ... gefeiert werden.“[144] Diese Beziehung muß unbedingt neu entdeckt und vertieft werden, sollen die Gnade und die Verantwortung von christlicher Ehe und Familie intensiver begriffen und gelebt werden.

Die Eucharistie ist die Quelle der christlichen Ehe. Das eucharistische Opfer macht ja den Liebesbund

142 Vgl. 1 Petr 2, 5; II. Vatikanisches Konzil, Dogmatische Konstitution über die Kirche „Lumen gentium“, 34.

143 II. Vatikanisches Konzil, a.a.O., ebenda.

144 Konstitution über die heilige Liturgie „Sacrosanctum Concilium“, 78.

Christi mit der Kirche gegenwärtig, der mit seinem Blut am Kreuz besiegelt wurde[145]. In diesem Opfer des neuen und ewigen Bundes finden die christlichen Eheleute die Quelle, aus der ihr Ehebund Ursprung, innere Formung und dauernde Belebung empfängt. Als Vergegenwärtigung des Liebesopfers Christi durch die Kirche ist die Eucharistie eine Quelle der Liebe. Diese in der Eucharistie geschenkte Liebe ist das lebendige Fundament der Gemeinschaft und Sendung der christlichen Familie. Das eucharistische Brot macht aus den verschiedenen Gliedern der Familiengemeinschaft einen einzigen Leib, in dem die umfassendere Einheit der Kirche sichtbar und gegenwärtig wird; die Teilnahme am „hingegebenen" Leib und am „vergossenen" Blut wird unerschöpfliche Quelle der missionarischen und apostolischen Dynamik der christlichen Familie.

Das Sakrament der Umkehr und Versöhnung

58. Zum Heiligungsauftrag der christlichen Familie gehört wesenhaft und immer das Eingehen auf den Bekehrungsruf des Evangeliums an alle Christen, die ja der „Neuheit" der Taufe, die sie zu „Heiligen" macht, nicht immer treu bleiben. Auch die christliche Familie entspricht nicht immer dem Gesetz der Gnade und Heiligkeit, unter dem sie durch die Taufe steht und unter das sie im Sakrament der Ehe neu gestellt wurde.

Reue und gegenseitige Vergebung im Schoß der christlichen Familie, die in deren täglichem Leben

145 Vgl. Joh 19, 34.

einen so breiten Raum einnehmen, finden ihren besonderen sakramentalen Vollzug in der Beichte. So schrieb Paul VI. in der Enzyklika „Humanae vitae", von den Eheleuten: „Und wenn sie sich wieder in Sünde verstricken sollten, so seien sie nicht entmutigt, sondern mögen in Demut und Beharrlichkeit ihre Zuflucht zur Barmherzigkeit Gottes nehmen, die sich ihnen im Bußsakrament öffnet."[146]

Die Feier dieses Sakramentes bekommt für das Familienleben eine besondere Bedeutung. Die Gatten und alle Glieder der Familie entdecken im Licht des Glaubens, daß die Sünde nicht nur dem Bund mit Gott widerspricht, sondern auch dem Bund der Gatten und der Familiengemeinschaft; sie finden zur Begegnung mit Gott, „der voll Erbarmen ist"[147] und der in seiner Liebe, die stärker ist als die Sünde[148], die Gemeinschaft der Ehe und der Familie wiederherstellt und vertieft.

Das Familiengebet

59. Die Kirche betet für die christliche Familie und erzieht sie zu einem Leben hochherziger Übereinstimmung mit der priesterlichen Gabe und Aufgabe aus der Hand des Hohenpriesters Jesus Christus. Das allgemeine Priestertum aus der Taufe wird in der sakramentalen Ehe für die Gatten und die Familie zum Fundament einer priesterlichen Berufung und Sendung, durch die sich ihr tägliches Leben in ein „Gott

146 Nr. 25: AAS 60 (1968) 499.
147 Eph 2, 4.
148 Vgl. Johannes Paul II., Enzyklika „Dives in misericordia", 13: AAS 72 (1980) 1218f.

wohlgefälliges geistiges Opfer durch Jesus Christus" verwandelt[149]. Das geschieht nicht nur durch die Feier der Eucharistie und der anderen Sakramente, nicht nur durch die Selbsthingabe zur Ehre Gottes, sondern auch durch das Gebetsleben, durch das betende Gespräch mit dem Vater durch Jesus Christus im Heiligen Geist.

Das Familiengebet hat seine besonderen Merkmale. Es ist ein *gemeinsames* Beten von Mann und Frau, von Eltern und Kindern. Die Gemeinschaft im Gebet ist zugleich Frucht und Forderung aus jener Gemeinschaft, die durch die Sakramente der Taufe und der Ehe geschenkt wird. Auf die Glieder der christlichen Familie kann man besonders jene Worte anwenden, mit denen Christus seine Gegenwart zusichert: „Weiter sage ich euch: Alles, was zwei von euch auf Erden gemeinsam erbitten, werden sie von meinem himmlischen Vater erhalten. Denn wo zwei oder drei in meinem Namen versammelt sind, da bin ich mitten unter ihnen."[150]

Der besondere Inhalt dieses Gebetes ist *das Familienleben* selbst, das in all seinen verschiedenen Situationen als Anruf Gottes verstanden und als kindliche Antwort auf diesen Anruf vollzogen wird: Freude und Leid, Hoffnung und Enttäuschung, Geburten, Geburtstage und Hochzeitstage, Abschiede, Getrenntsein und Wiedersehen, wichtige und einschneidende Entscheidungen, Todesfälle im Kreis der Lieben und ähnliches mehr – all das sind Marksteine der Begegnung der Liebe Gottes mit der Geschichte der Familie, wie sie auch Anlaß zur Danksagung sein sol-

[149] Vgl. 1 Petr 2, 5.
[150] Mt 18, 19f.

len, des Bittens, der vertrauensvollen Überantwortung der Familie an den gemeinsamen Vater im Himmel. Die Würde und die Verantwortung der christlichen Familie als Hauskirche können nur mit der beständigen Hilfe Gottes gelebt werden; wer sie in Demut und Vertrauen erbittet, dem wird sie auch zuteil.

Die Gebetserziehung

60. Kraft ihrer Würde und Sendung haben die christlichen Eltern die besondere Aufgabe, ihre Kinder zum Gebet zu erziehen, sie hinzuführen zu einer fortschreitenden Entdeckung des Geheimnisses Gottes und zu einem persönlichen Gespräch mit ihm: „Besonders aber sollen in der christlichen Familie, die mit der Gnade und dem Auftrag des Ehesakramentes ausgestattet ist, die Kinder schon von den frühesten Jahren an angeleitet werden, gemäß dem in der Taufe empfangenen Glauben Gott zu erkennen und zu verehren und den Nächsten zu lieben."[151]

Unersetzliches Grundelement der Gebetserziehung ist das praktische Beispiel und lebendige Zeugnis der Eltern. Nur wenn Vater und Mutter mit den Kindern zusammen beten und so ihr königliches Priestertum ausüben, erreichen sie die Herzensmitte ihrer Kinder und hinterlassen dort Spuren, die von den Ereignissen des späteren Lebens nicht ausgelöscht werden können. Hören wir noch einmal den Aufruf Pauls VI. an die Eltern: „Mütter, lehrt ihr eure Kinder die christ-

[151] II. Vatikanisches Konzil, Erklärung über die christliche Erziehung „Gravissimum educationis", 3; vgl. Johannes Paul II., Apostolisches Schreiben „Catechesi tradendae", 36: AAS 71 (1979) 1308.

lichen Gebete? Bereitet ihr sie im Einklang mit den Priestern auf die Sakramente der Kindheit und Jugend vor, auf Beichte, Kommunion und Firmung? Macht ihr es ihnen zur Gewohnheit, in Krankheit an das Leiden Christi zu denken, Maria und die Heiligen um ihre Hilfe zu bitten? Betet ihr zu Hause den Rosenkranz? Und ihr Väter, könnt ihr mit euren Kindern beten, mit der ganzen Hausgemeinschaft, wenigstens von Zeit zu Zeit? Euer Beispiel durch Geradheit im Denken und Tun, das von gelegentlichem gemeinsamem Beten unterstützt wird, ist Unterricht aus dem Leben, ist Gottesdienst von hohem Wert; so bringt ihr Frieden in euer Heim: ‚Friede diesem Hause!' Merkt es euch: So baut ihr Kirche!“[152]

Liturgisches und privates Gebet

61. Zwischen dem Gebet der Kirche und dem der einzelnen Gläubigen besteht ein tiefer und lebendiger Zusammenhang, wie das II. Vatikanische Konzil deutlich betont[153]. Ein wichtiges Ziel des Gebetes der Hauskirche ist es, für die Kinder die natürliche Hinführung zum liturgischen Gebet der ganzen Kirche zu sein, indem sie auf dieses Gebet vorbereitet und es auch hineinträgt in den Bereich des persönlichen, familiären und sozialen Lebens. Daher die Notwendigkeit eines wachsenden inneren Mitvollzugs aller Glieder der christlichen Familie bei der Eucharistie, vor allem an Sonn- und Feiertagen, und der Feier der ande-

152 Ansprache bei einer Generalaudienz (11. 8. 1976): Insegnamenti di Paolo VI, XIV (1976) 640.

153 Vgl. Konstitution über die heilige Liturgie „Sacrosanctum Concilium“, 12.

ren Sakramente, besonders der christlichen Initiation ihrer Kinder. Die Weisungen des Konzils haben der christlichen Familie eine neue Möglichkeit eröffnet: Sie wird unter den Gruppen aufgezählt, denen die gemeinsame Feier des Stundengebetes empfohlen ist[154]. Die christliche Familie wird sich ferner bemühen, auch zu Hause und in einer für ihre Mitglieder geeigneten Weise die Zeiten und Feste des Kirchenjahres zu feiern.

Zur häuslichen Vorbereitung und Fortsetzung der in der Kirche gefeierten Gottesdienste greift die christliche Familie zum Privatgebet mit seiner reichen Vielfalt von Formen. Diese bezeugt den außerordentlichen Reichtum, in dem der Heilige Geist das christliche Beten beseelt, und kommt zugleich den verschiedenen Bedürfnissen und Lebenssituationen des Menschen entgegen, der sich an den Herrn wenden will. Auß dem Morgen- und Abendgebet sind auch nach den Hinweisen der Synodenväter ausdrücklich zu empfehlen: das Lesen und Betrachten des Wortes Gottes in der Heiligen Schrift, die Vorbereitung auf den Sakramentenempfang, die Herz-Jesu-Verehrung mit der entsprechenden Weihe, die verschiedenen Formen der Muttergottesverehrung, das Tischgebet, die Pflege des religiösen Brauchtums.

In voller Achtung der Freiheit der Kinder Gottes hat die Kirche ihren Gläubigen einige Gebetsübungen mit besonderer Sorgfalt und Eindringlichkeit vorgestellt und tut es weiterhin. Erwähnt sei das Rosenkranzgebet: „Nun möchten wir, wie es schon unsere Vorgänger getan haben, sehr eindringlich das Gebet des Rosenkranzes in den Familien empfehlen ...

154 Vgl. Allgemeine Einführung in das Stundengebet, 27.

Ohne Zweifel muß der Rosenkranz der seligen Jungfrau Maria als eines der hervorragendsten und wirksamsten Gemeinschaftsgebete angesehen werden, zu dem die christliche Familie eingeladen ist. Wir stellen uns gerne vor und wünschen lebhaft, daß, wenn die Familie zum Gebet beisammen ist, häufig und mit Vorliebe der Rosenkranz Verwendung finde."[155] Die echte Marienverehrung, die sich dadurch ausweist, daß sie die geistlichen Haltungen der Gottesmutter ernst nimmt und hochherzig nachlebt, ist ein vorzügliches Mittel zur Stärkung der Einheit der Familie in der Liebe und zur Entfaltung ehelicher und familiärer Spiritualität. Maria, die Mutter Christi und der Kirche, ist ja auch in besonderer Weise die Mutter der christlichen Familien, die Mutter der Hauskirchen.

Gebet und Leben

62. Man darf nie vergessen, daß das Gebet wesenhafter Bestandteil eines ganz und aus der Mitte gelebten Christseins ist, ja zu unserem Menschsein gehört; es ist „der erste Ausdruck der inneren Wahrheit des Menschen, die erste Bedingung der echten Freiheit des Geistes"[156].

Das Gebet ist daher keineswegs ein Ausweichen vor den täglichen Anforderungen, sondern vielmehr der stärkste Antrieb für die Übernahme und volle Verwirklichung der Verantwortung, die der christlichen Familie als erster und grundlegender Zelle der

155 Paul VI., Apostolisches Schreiben „Marialis cultus", 52-54: AAS 66 (1974) 160f.

156 Johannes Paul II., Ansprache beim Heiligtum der Mentorella (29. 10. 1978): Insegnamenti di Giovanni Paolo II, I (1978) 78f.

menschlichen Gemeinschaft zukommt. So entspricht die wirksame Teilnahme an Leben und Sendung der Kirche in der Welt der jeweiligen Treue und Tiefe des Gebetes, mit dem sich die christliche Familie dem fruchtbaren Weinstock, Christus, dem Herrn, verbindet[157].

Aus der lebendigen Verbindung mit Christus durch Liturgie, Hingabe und Gebet kommt auch die Fruchtbarkeit der Familie in ihrem besonderen Dienst an der Entwicklung der menschlichen Gesellschaft, der von sich aus gewiß zu einer Umgestaltung der Welt führt[158].

3) Die christliche Familie, Gemeinschaft im Dienst am Menschen

Das neue Gebot der Liebe

63. Die Kirche, das prophetisch-priesterlich-königliche Volk, hat die Sendung, alle Menschen dahin zu führen, das Wort Gottes im Glauben anzunehmen, es in den Sakramenten und im Gebet zu feiern und zu bekennen und schließlich im praktischen Leben nach dem neuen Gebot und Geschenk der Liebe zu verkünden.

Das christliche Leben findet sein Gesetz nicht in einem geschriebenen Gesetzbuch, sondern im personalen Wirken des Heiligen Geistes, der den Christen be-

[157] Vgl. II. Vatikanisches Konzil, Dekret über das Apostolat der Laien „Apostolicam actuositatem", 4.

[158] Vgl. Johannes Paul I., Ansprache an die Bischöfe der XII. Pastoralregion der Vereinigten Staaten von Amerika (21. 9. 1978): AAS 70 (1978) 767.

seelt und führt, also im „Gesetz des Geistes und des Lebens in Christus Jesus“[159]: „Die Liebe Gottes ist ausgegossen in unsere Herzen durch den Heiligen Geist, der uns gegeben ist.“[160]

Das gilt auch für die christliche Ehe und Familie: Ihr Lenker und Maßstab ist der Heilige Geist, in die Herzen ausgegossen durch die sakramentale Eheschließung. In Fortführung der Taufe im Wasser und im Heiligen Geist verkündet die Trauung auch ihrerseits das Gebot der Liebe aus dem Evangelium und prägt es mit der Gabe des Heiligen Geistes dem Herzen der christlichen Eheleute noch tiefer ein: Ihre geläuterte und erlöste Liebe ist einerseits Frucht des Heiligen Geistes, der in den Herzen der Gläubigen am Werk ist, und ist anderseits das Urgebot des sittlichen Lebens, zu dem sie in verantwortlicher Freiheit aufgerufen sind.

So wird die christliche Familie vom neuen Gesetz des Geistes beseelt und geführt und ist berufen, in engster Verbindung mit dem königlichen Volk der Kirche ihren Dienst der Liebe gegenüber Gott und den Brüdern zu leben. Wie Christus sein Königtum ausübt, indem er sich zum Diener der Menschen macht[161], so findet der Christ den wahren Sinn seiner Teilnahme am Königtum seines Herrn im inneren und äußeren Mitvollzug von Christi Diensthaltung gegenüber den Menschen: „Diese Gewalt teilte er seinen Jüngern mit, damit auch sie in königlicher Freiheit stehen und durch Selbstverleugnung und ein heiliges Leben das Reich der Sünde in sich selbst besiegen

159 Röm 8, 2.
160 Röm 5, 5.
161 Vgl. Mk 10, 45.

(vgl. Röm 6, 12), aber auch Christus in den anderen dienen und so ihre Brüder in Demut und Geduld zu dem König hinführen, dem zu dienen herrschen bedeutet. Der Herr will ja sein Reich auch durch die gläubigen Laien ausbreiten, ‚das Reich der Wahrheit und des Lebens, das Reich der Heiligkeit und der Gnade, das Reich der Gerechtigkeit, der Liebe und des Friedens'. In diesem Reich wird auch die Schöpfung von der Knechtschaft der Vergänglichkeit befreit werden zur Freiheit der Herrlichkeit der Kinder Gottes (vgl. Röm 8, 21).“[162]

In jedem Bruder das Bild Gottes entdecken

64. Beseelt und getragen vom neuen Gebot der Liebe, ist die christliche Familie aufnahmebereit, ehrfurchtsvoll und hilfreich gegenüber jedem Menschen, den sie immer in seiner Würde als Person und als Kind Gottes sieht.

Das muß sich vor allem innerhalb von Ehe und Familie selbst verwirklichen und zu ihren Gunsten – im täglichen Bemühen, echte personale Gemeinschaft zu fördern, getragen und genährt von der inneren Verbundenheit in der Liebe. Das muß sich dann ausweiten auf die größere Gemeinschaft der Kirche, in welcher die christliche Familie beheimatet ist; dank der Liebe der Familie kann und muß die Kirche eine mehr häusliche, familiäre Dimension bekommen und sich einen menschlicheren und mehr geschwisterlichen Stil des Zueinander und Miteinander aneignen.

[162] II. Vatikanisches Konzil, Dogmatische Konstitution über die Kirche „Lumen gentium“, 36.

Die Liebe geht sodann über die eigenen Glaubensbrüder hinaus; denn „jeder Mensch ist mein Bruder“. In jedem, besonders im Armen, Schwachen, Leidenden und ungerecht Behandelten, weiß die Liebe das Antlitz Christi zu entdecken, den Bruder, der Liebe und Hilfe braucht.

Soll die Familie den Dienst am Menschen im Geist des Evangeliums leben, muß sie mit Nachdruck verwirklichen, was das II. Vatikanische Konzil schreibt: „Damit die Übung dieser Liebe über jeden Verdacht erhaben sei und als solche auch in Erscheinung trete, muß man im Nächsten das Bild Gottes sehen, nach dem er geschaffen ist, und Christus, den Herrn, dem in Wahrheit all das dargebracht wird, was einem Bedürftigen gegeben wird.“[163]

Die christliche Familie, welche in der Liebe Kirche auferbaut, steht zugleich im Dienst am Menschen und an der Welt und trägt wirklich zu jener ganzheitlichen menschlichen Entfaltung bei, deren Inhalt in der Botschaft der Synode an die Familien folgendermaßen zusammengefaßt ist: „Eine weitere Aufgabe der Familie ist die Heranbildung von liebesfähigen Menschen und die Ausübung der Liebe in allen zwischenmenschlichen Beziehungen. So darf sie sich nicht in sich selbst verschließen, sondern muß offen bleiben für die Gesellschaft und sich vom Sinn für Gerechtigkeit und für die Sorge um den Mitmenschen sowie von der Verpflichtung der eigenen Verantwortung für die Gesamtgesellschaft leiten lassen.“[164]

163 Dekret über das Apostolat der Laien „Apostolicam actuositatem“, 8.
164 Botschaft der VI. Bischofssynode an die christlichen Familien der heutigen Welt (24. 10. 1980), 12.

Vierter Teil
Familienpastoral: Zeiten, Strukturen, aktiv Beteiligte, besondere Situationen

I. ZEITEN FÜR DIE FAMILIENPASTORAL

Die Kirche begleitet die christliche Familie auf ihrem Weg

65. Wie jede lebendige Wirklichkeit ist auch die Familie darauf angelegt, zu wachsen und sich zu entwickeln. Nach der vorbereitenden Verlobungszeit und der kirchlichen Trauung beginnt das Ehepaar seinen Lebensweg, der von Tag zu Tag immer mehr zur Verwirklichung der Werte und Aufgaben der Ehe führen soll.

Im Licht des Glaubens und aus der Kraft der Hoffnung nimmt auch die christliche Familie gemeinsam mit der Kirche an der Erfahrung des irdischen Pilgerweges teil, der auf die volle Offenbarung und Verwirklichung des Reiches Gottes hinführt.

Deshalb muß einmal mehr die Dringlichkeit der pastoralen Hilfe der Kirche zur Stützung der Familie unterstrichen werden. Jede Anstrengung muß unternommen werden, damit sich die Familienpastoral durchsetzt und entfaltet; widmet sie sich doch einem wirklich vorrangigen Bereich in der Gewißheit, daß die Evangelisierung in Zukunft großenteils von der Hauskirche abhängen wird[165].

Das pastorale Bemühen der Kirche beschränkt sich nicht nur auf die christlichen Familien in der Nähe, sondern kümmert sich, indem es den eigenen Horizont nach dem Maßstab des Herzens Jesu ausweitet, noch intensiver um alle Familien in ihrer Gesamtheit und vor allem um jene, die sich in einer schwierigen oder irregulären Lage befinden. Ihnen allen schenkt die Kirche ihr Wort der Wahrheit, der Güte, des Verstehens, der Hoffnung, der innigen Verbundenheit in ihren oft beklemmenden Schwierigkeiten; allen bietet sie ihre selbstlose Hilfe an, daß sie dem Ideal der Familie näherkommen, das der Schöpfer „von Anfang an" gewollt hat und das Christus durch seine erlösende Gnade erneuert hat.

Das pastorale Handeln der Kirche muß fortschreitend sein, auch in dem Sinne, daß sie mit der Familie geht und sie Schritt für Schritt auf den verschiedenen Etappen ihrer Entstehung und Entwicklung begleitet.

Die Vorbereitung

66. Notwendiger als je zuvor ist heute die Vorbereitung der jungen Menschen auf die Ehe und das Familienleben. In einigen Ländern sind es noch die Familien selbst, die es sich nach alter Sitte vorbehalten, den Jugendlichen durch eine fortschreitende Erziehung und Einführung die Werte des ehelichen und familiären Lebens zu vermitteln. Die inzwischen eingetrete-

165 Vgl. Johannes Paul II., Ansprache an die III. Vollversammlung der Bischöfe von Lateinamerika (28. 1. 1979), IV a: AAS 71 (1979) 204.

nen Veränderungen im sozialen Gefüge fast aller moderner Staaten erfordern jedoch, daß nicht nur die Familie, sondern auch die Gesellschaft und die Kirche daran mitwirken, die jungen Menschen auf die Verantwortung für ihre Zukunft richtig vorzubereiten. Viele negative Erscheinungen, die heute im Leben der Familien zu beklagen sind, haben ihre Wurzel darin, daß die Jugendlichen in den neuartigen Situationen nicht nur die rechte Wertordnung aus dem Auge verlieren, sondern auch nicht wissen, wie sie die neuen Schwierigkeiten anpacken und überwinden können, weil sie keine sicheren Verhaltensnormen mehr besitzen. Die Erfahrung zeigt jedoch, daß sich die jungen Leute, die auf das Familienleben gut vorbereitet sind, im allgemeinen besser zurechtfinden als die übrigen.

Das gilt noch mehr von der christlichen Ehe, die für so viele Männer und Frauen auf ihrem Weg zur Vollkommenheit von Bedeutung ist. Darum muß die Kirche bessere und intensivere Programme zur Ehevorbereitung entwickeln und fördern, um die Schwierigkeiten möglichst zu beseitigen, mit denen so viele Ehen zu ringen haben, vor allem aber auch, um die Bildung und das Heranreifen von geglückten Ehen positiv zu unterstützen.

Die Ehevorbereitung wird gesehen und verwirklicht als ein stufenweiser, stetiger Prozeß. Sie umfaßt drei Hauptstufen: die entferntere, die nähere und die unmittelbare Vorbereitung.

Die entferntere Vorbereitung beginnt schon in der Kindheit mit einer klugen Familienerziehung, deren Ziel es ist, die Kinder dahin zu führen, sich selbst als Menschen zu entdecken, die ein reiches und vielschichtiges seelisches Leben und eine besondere Persönlichkeit mit je eigenen Stärken und Schwächen besitzen. Das ist die Zeit, in der der Sinn für jeden wahren menschlichen Wert in persönlichen wie auch in gesellschaftlichen Beziehungen geweckt wird. Und dies hat seine Bedeutung für die Formung des Charakters, für die Beherrschung und rechte Nutzung der eigenen Neigungen, für die Weise, Menschen des anderen Geschlechtes zu sehen und ihnen zu begegnen, und für ähnliche Ziele. Außerdem ist, besonders für die Christen, eine gediegene geistige und katechetische Bildung erforderlich, die es versteht, die wahre Berufung und Sendung christlicher Ehe aufzuzeigen, ohne dabei die Möglichkeit einer Ganzhingabe an Gott in der Berufung zum Priester- oder Ordensleben auszuschließen.

Auf dieser Grundlage setzt dann intensiv *die nähere Vorbereitung* ein, die vom geeigneten Alter an und mit Hilfe einer angemessenen Katechese wie in einem Katechumenat eine mehr ins einzelne gehende Vorbereitung auf die Sakramente umfaßt, die gleichsam deren Neuentdeckung bedeutet. Eine solche erneute Glaubensunterweisung für alle, die sich auf eine christliche Ehe vorbereiten, ist unbedingt notwendig, damit dieses Sakrament mit der rechten moralischen und geistlichen Einstellung gefeiert und gelebt wird. Die religiöse Formung der jungen Leute muß im geeigneten Augenblick und entsprechend den verschiedenen konkreten Notwendigkeiten durch eine Vorbereitung auf ein Leben zu zweit ergänzt werden, welche die Ehe als eine personale Beziehung von Mann und Frau darstellt, die ständig weiterentwickelt werden muß, und so dazu anregt, die Fragen ehelicher Sexualität und verantwortlicher Elternschaft zu vertiefen zusammen mit den damit verbundenen Grundkenntnissen von Medizin und Biologie, welche ferner als Voraussetzung für ein gutes Familienleben richtige Methoden der Kindererziehung vermittelt und auch dazu anleitet, sich die Grundlagen für einen geregelten Unterhalt der Familie zu beschaffen wie feste Arbeit, ausreichende finanzielle Mittel, Geschick im Verwalten, Kenntnisse in der Hauswirtschaft.

Schließlich muß auch die Vorbereitung zum Familienapostolat erwähnt werden, ferner zum brüderlichen Zusammenwirken mit anderen Familien, zur aktiven Mitarbeit in Gruppen, Verbänden, Bewegungen und Initiativen, die das menschliche und christliche Wohl der Familie zum Ziel haben.

Die unmittelbare Vorbereitung auf die Feier des Ehesakramentes soll in den letzten Monaten und Wochen vor der Trauung stattfinden, um dem vom Kirchenrecht geforderten Eheexamen gleichsam einen neuen Sinn und Inhalt sowie eine neue Form zu geben. Eine solche Vorbereitung, die in jedem Falle geboten ist, erweist sich als noch dringlicher für diejenigen Verlobten, die noch Mängel und Schwierigkeiten in christlicher Lehre und Praxis aufweisen sollten.

Zu den Dingen, die auf diesem einem Katechumenat vergleichbaren Glaubensweg vermittelt werden, muß auch eine vertiefte Erkenntnis des Geheimnisses Christi und der Kirche wie der Bedeutung von Gnade und Verantwortung einer christlichen Ehe gehören sowie die Vorbereitung darauf, aktiv und bewußt an der Feier der Trauungsliturgie teilzunehmen.

Zu dieser Ehevorbereitung in ihren verschiedenen Phasen, die wir nur in großen Linien angedeutet und beschrieben haben, sollen sich die christliche Familie und die gesamte kirchliche Gemeinschaft aufgerufen fühlen. Es ist zu wünschen, daß die Bischofskonferenzen, die ja an geeigneten Initiativen interessiert sind, um den zukünftigen Brautleuten zu helfen, sich ihrer Lebenswahl ernsthafter bewußt zu werden, und den Seelsorgern Hilfen in die Hand zu geben, um deren hinreichende innere Einstellung wahrzunehmen, dafür sorgen, daß ein *Leitfaden für Familienpastoral* herausgegeben wird. Darin soll vor allem das Mindestmaß an Inhalt, Dauer und Methode für Ehevorbereitungskurse festgelegt werden, wobei ein Gleichgewicht zwischen den verschiedenen die Ehe betreffenden Aspekten der Lehre und Pädagogik, des Rechts und der Medizin herrschen und diese so dargestellt werden sollten, daß sich die Ehekandidaten über die verstandesmäßige Durchdringung hinaus motiviert sehen, am Leben der kirchlichen Gemeinschaft aktiv teilzunehmen.

Obgleich die verpflichtende Notwendigkeit einer solchen unmittelbaren Ehevorbereitung nicht unterbewertet werden darf - und das würde sicher geschehen, wenn man allzuleicht davon befreien würde -, so muß doch diese Vorbereitung immer in solcher Weise empfohlen und durchgeführt werden, daß ihr eventuelles Fehlen kein Hindernis für die Trauung darstellt.

Die kirchliche Trauung

67. Die christliche Eheschließung erfordert an sich eine liturgische Feier, die in sozialer und gemeinschaftlicher Form die wesentlich kirchliche und sakramentale Natur des Ehebundes zwischen Getauften ausdrückt.

Als *sakramentales Heilszeichen* muß die Feier der Trauung - eingebettet in die Liturgie, „den Höhepunkt, dem das Tun der Kirche zustrebt, und zugleich die Quelle, aus der all ihre Kraft strömt"[166] - in sich gültig, würdig und fruchtbar sein. Hier eröffnet sich pastoraler Sorge ein weites Feld, damit den Ansprüchen, die sich aus dem zum Sakrament erhobenen Eheschluß ergeben, voll entsprochen und ebenso die Ordnung der Kirche hinsichtlich der freien Entscheidung, der Ehehindernisse, der kanonischen Form und des Trauungsritus sorgfältig eingehalten wird. Letzterer soll einfach und würdig sein nach den Normen der zuständigen kirchlichen Autoritäten, denen es auch zukommt - den konkreten Umständen von Zeit und Ort entsprechend sowie im Einklang mit den vom Heiligen Stuhl erlassenen Bestimmungen[167] -, in die Trauungsfeier solche besonderen Elemente der einzelnen Kulturen aufzunehmen, die den tiefen menschlichen und religiösen Sinn des Eheschlusses besonders gut auszudrücken vermögen, sofern sie nichts enthalten, was sich mit christlicher Glaubensüberzeugung und Moral nicht verträgt.

Als *Zeichen* muß die liturgische Feier so verlaufen, daß sie auch in ihrer äußeren Gestalt eine Verkündigung des Wortes Gottes und ein Glaubensbekenntnis der Gemeinde der Gläubigen darstellt. Die pastorale Aufgabe liegt hierbei in der klugen und sorgfältigen Gestaltung des Wortgottesdienstes und in der Glaubenserziehung der daran Teilnehmenden, in erster Linie der Brautleute.

Als *sakramentales Zeichen der Kirche* muß die Trauungsfeier die christliche Gemeinde in einer vollen, ak-

166 Vgl. II. Vatikanisches Konzil, Konstitution über die heilige Liturgie „Sacrosanctum Concilium", 10.
167 Vgl. Die Feier der Trauung, Pastorale Einführung, 1.

tiven und mitverantwortlichen Teilnahme aller Anwesenden einbeziehen, und dies entsprechend der Stellung und Aufgabe der einzelnen: Brautleute, Priester, Trauzeugen, Eltern, Freunde und andere Gläubige - sie alle Teilnehmer einer Versammlung, die das Geheimnis Christi und seiner Kirche kundtut und lebt.

Für die Feier einer christlichen Eheschließung im Bereich von Stammeskulturen und -sitten folge man den gleichen oben dargestellten Prinzipien.

Trauungsfeier und Verkündigung für Getaufte ohne Glauben

68. Gerade weil bei der Feier des Ehesakramentes eine ganz besondere Aufmerksamkeit der moralischen und geistlichen Einstellung der Brautleute und vor allem ihrem Glauben gelten muß, soll hier eine nicht seltene Schwierigkeit zur Sprache kommen, in der sich die Seelsorger der Kirche im Zusammenhang mit der heutigen verweltlichten Gesellschaft leicht befinden können.

Der Glaube dessen, der von der Kirche eine Trauungsfeier für sich erbittet, kann ja verschiedene Grade haben, und es ist eine vorrangige Verpflichtung der Seelsorger, diesen Glauben entdecken zu helfen, ihn zu stärken und zur Reife zu führen. Sie müssen aber auch die Gründe verstehen, die es der Kirche ratsam erscheinen lassen, auch Brautleute mit einer nur unvollkommenen Einstellung zur kirchlichen Trauung zuzulassen.

Das Sakrament der Ehe hat vor den anderen diese Besonderheit: Es umfaßt als Sakrament eine Wirklichkeit, die bereits in der Schöpfungsordnung vorliegt; es ist derselbe Ehebund, den der Schöpfer „im Anfang" begründet hat. Wenn sich ein Mann und eine Frau daher entschließen, eine Ehe im Sinne dieses Schöpfungsplanes miteinander einzugehen, das heißt, sich durch ihr unwiderrufliches Eheversprechen für ihr ganzes Leben zu einer lebenslangen Liebe und einer unbedingten Treue zu verpflichten, dann ist in diesem Entschluß tatsächlich, wenn auch nicht ganz bewußt, eine Haltung tiefen Gehorsams vor dem Willen Gottes enthalten, die es ohne seine Gnade nicht geben könnte. Sie befinden sich deshalb bereits auf einem wirklichen Heilsweg, den die Feier des Sakramentes und die unmittelbare Vorbereitung hierauf ergänzen und zu seinem Ziel bringen können, da ja die rechte Absicht vorliegt.

Es ist andererseits wahr, daß in einigen Gegenden Brautleute mehr aus gesellschaftlichen als aus echt religiösen Motiven darum bitten, in der Kirche heiraten zu dürfen. Das ist an sich nicht verwunderlich. Die Eheschließung ist ja nicht ein Ereignis, das nur die Brautleute betrifft. Sie ist von ihrem Wesen her auch ein gesellschaftliches Geschehen, das die Brautleute eben vor der Gesellschaft in Pflicht nimmt. Und schon immer ist die Hochzeitsfeier ein Fest gewesen, das Familien und Freunde zusammenführt. Es ist also selbstverständlich, daß zusammen mit den personalen Motiven auch solche gesellschaftlicher Art die Bitte um eine kirchliche Trauung bestimmen.

Man darf jedoch nicht übersehen, daß auch solche Brautleute kraft ihrer Taufe schon wirklich in den bräutlichen Bund Christi mit der Kirche eingegliedert sind, daß sie durch ihre rechte Absicht den Plan Gottes für die Ehe anerkennen und somit wenigstens einschlußweise dem zustimmen, was die Kirche meint, wenn sie eine Eheschließung vornimmt. Der Umstand allein, daß in die Bitte um kirchliche Trauung auch gesellschaftliche Motive miteinfließen, rechtfertigt deshalb noch nicht eine eventuelle Ablehnung von seiten der Seelsorger. Hinzu kommt, wie das II. Vatikanische Konzil lehrt, daß die Sakramente schon durch die liturgischen Worte und Riten den Glauben nähren und stärken[168], jenen Glauben, dem die Brautleute bereits durch ihre rechte Absicht zustreben, die in Christi Gnade sicher weitere Hilfe und Stütze finden wird.

Wollte man zusätzliche Kriterien für die Zulassung zur kirchlichen Eheschließung aufstellen, die den Grad des Glaubens der Brautleute betreffen sollten, würde das außerdem große Risiken mit sich bringen: zunächst jenes, unbegründete und diskriminierende Urteile zu fällen; dann das Risiko, zum großen Schaden der christlichen Gemeinschaften Zweifel über die Gültigkeit der schon geschlossenen Ehen und neue, unbegründete Gewissenskonflikte bei den Brautleuten hervorzurufen; man würde ferner in Gefahr geraten, die Sakramentalität vieler Ehen von Brüdern und Schwestern, die von der vollen Gemeinschaft mit der katholischen Kirche getrennt sind, zu bestreiten oder in Zweifel zu ziehen, und das im Widerspruch zur kirchlichen Tradition.

Wenn hingegen die Brautleute trotz aller pastoralen Bemühungen zeigen, daß sie ausdrücklich und formell zurückweisen, was die Kirche bei der Eheschließung von Getauften meint, kann sie der Seelsorger nicht

168 Vgl. II. Vatikanisches Konzil, a.a.O., 59.

zur Trauung zulassen. Wenn auch schweren Herzens, hat er die Pflicht, die gegebene Lage zur Kenntnis zu nehmen und den Betroffenen zu verstehen zu geben, daß unter diesen Umständen nicht die Kirche, sondern sie selber es sind, die die Feier verhindern, um die sie bitten.

Erneut zeigt sich so mit aller Dringlichkeit, wie notwendig eine Evangelisierung und Katechese vor und nach der Eheschließung ist, die von der ganzen christlichen Gemeinschaft getragen wird, damit jeder Mann und jede Frau, die heiraten, das Ehesakrament nicht nur gültig, sondern auch mit innerer Frucht empfangen.

Pastoral für die Verheirateten

69. Die pastorale Sorge für die regulär geschlossenen Ehen bedeutet konkret den Einsatz aller Mitglieder der kirchlichen Gemeinschaft am Ort, um den Ehepaaren zu helfen, ihre neue Berufung und Sendung zu erkennen und zu leben. Damit die Familie immer mehr eine wirkliche Liebesgemeinschaft werde, müssen alle ihre Glieder für ihre Verantwortung vor den sich stellenden neuen Problemen, für den gegenseitigen Dienst und die aktive Mitgestaltung des Familienlebens unterstützt und herangebildet werden.

Das gilt vor allem für die jungen Familien, die angesichts der neuen Werte und Verantwortlichkeiten, die jetzt auf sie zukommen, eventuellen Schwierigkeiten besonders in den ersten Ehejahren stärker ausgesetzt sind, wie etwa jenen, die sich beim Eingewöhnen in das gemeinsame Leben und bei der Geburt von Kindern ergeben. Die jungen Eheleute sollen die diskrete, taktvolle und selbstlose Hilfe anderer Ehepaare, die schon seit längerem konkrete Erfahrungen mit Ehe und Familie haben, dankbar annehmen und klug verwerten. Auf diese Weise wird sich im Schoß der kirchlichen Gemeinschaft, der aus christlichen Familien geformten großen Familie der Gemeinde, zwischen allen Familien ein gegenseitiger Austausch von Beistand und Hilfe verwirklichen, wobei eine jede ihre eigene menschliche Erfahrung sowie die Gaben des Glaubens und der Gnade in den Dienst der anderen stellt. Beseelt von echt pastoralem Geist, wird diese Hilfe von Familie zu Familie eine sehr einfache, wirksame und allen zugängliche Weise darstellen, um bis zu den einzelnen Menschen jene christlichen Werte zu verbreiten, die Ausgangspunkt und Ziel jeder Seelsorge sind. So sollten sich die jungen Familien nicht nur darauf beschränken zu empfangen, sondern, nachdem ihnen selbst auf diese Weise geholfen wurde, ihrerseits durch ihr Lebenszeugnis und ihren aktiven Beitrag zur Quelle innerer Bereicherung für die anderen Familien werden.

In der Pastoral für die jungen Familien muß die Kirche besondere Aufmerksamkeit darauf richten, sie dahin zu erziehen, ihre eheliche Liebe verantwortlich zu leben angesichts der beiden ethischen Aufgaben, Gemeinschaft zu bilden und dem Leben zu dienen, und sie auch dazu anzuleiten, das private Leben der Familie daheim mit einem gemeinsamen hochherzigen Einsatz zur Auferbauung der Kirche und der menschlichen Gesellschaft in Einklang zu bringen. Wenn mit der Geburt von Kindern die Ehe im vollen und eigentlichen Sinn zur Familie wird, steht die Kirche wiederum den Eltern bei, damit diese ihre Kinder annehmen, sie als ein Geschenk lieben, das sie vom Herrn des Lebens empfangen haben, und sich mit Freude der Mühe unterziehen, ihnen bei ihrem Heranwachsen als Menschen und Christen behilflich zu sein.

II. STRUKTUREN DER FAMILIENPASTORAL

Der pastorale Einsatz ist immer dynamischer Ausdruck der Wirklichkeit der Kirche im Vollzug ihrer Heilssendung. Auch die Familienpastoral, eine besondere und spezifische Form der Gesamtpastoral, hat als Wirkzentrum und verantwortlichen Träger die Kirche selbst mit ihren Strukturen und Mitarbeitern.

Die kirchliche Gemeinschaft, besonders die Pfarrei

70. Als erlöste und zugleich erlösende Gemeinschaft muß die Kirche in diesem Zusammenhang in ihrer doppelten Dimension, als Weltkirche und als Ortskirche, gesehen werden. Letztere zeigt und verwirklicht sich in der Diözese, die pastoral wiederum in kleinere Gemeinschaften unterteilt ist, unter denen sich durch ihre besondere Bedeutung die Pfarrei auszeichnet.

Die Gemeinschaft mit der Weltkirche beeinträchtigt nicht, sondern garantiert und fördert den Bestand und den Eigencharakter der verschiedenen Teilkirchen. Diese letzteren bleiben das unmittelbarste und wirksamste handelnde Subjekt für die Durchführung der Familienpastoral. In diesem Sinn muß sich jede Ortskirche und im besonderen jede Pfarrgemeinde der Gnade und der Verantwortung noch mehr bewußt werden, die sie vom Herrn empfängt, um die

Familienpastoral zu fördern. Jeder Plan einer Gesamtpastoral muß auf allen Ebenen unbedingt auch die Familienpastoral einbeziehen.

Im Lichte dieser Verantwortung wird auch deutlich, wie wichtig eine angemessene Vorbereitung für all jene ist, die vornehmlich in diesem Apostolat eingesetzt werden. Die Priester, die Ordensmänner und Ordensfrauen sollen von der Zeit ihrer Ausbildung an in fortschreitender und angemessener Weise in die entsprechenden Aufgaben eingeführt und dafür ausgebildet werden. Aus den übrigen Initiativen möchte ich die kürzliche Errichtung eines Höheren Institutes an der Päpstlichen Lateranuniversität in Rom hervorheben, welches das Studium der Familienprobleme zur Aufgabe hat. Auch in einigen anderen Diözesen sind Institute dieser Art gegründet worden. Die Bischöfe sollen nun dafür Sorge tragen, daß möglichst viele Priester dort Spezialkurse besuchen, bevor sie in den Pfarreien Verantwortung übernehmen. Anderswo werden an Theologischen Hochschulen und Pastoralinstituten regelmäßig entsprechende Fortbildungskurse abgehalten. Diese Initiativen sollen ermutigt, gefördert und vervielfältigt werden und natürlich auch den Laien offenstehen, die durch ihre Berufsausbildung im medizinischen, juristischen, psychologischen, sozialen und pädagogischen Bereich den Familien beistehen.

Die Familie

71. Vor allem aber muß der besondere Rang anerkannt werden, welcher der Sendung der christlichen Eheleute und Familien kraft der im Sakrament emp-

fangenen Gnaden in diesem Bereich zukommt. Diese Sendung muß in den Dienst der Auferbauung der Kirche, der Errichtung des Gottesreiches in der Geschichte gestellt werden. Das ist gefordert als Akt bereiten Gehorsams Christus, dem Herrn, gegenüber. Er überträgt nämlich durch den Eheschluß unter Getauften, der zur Würde des Sakramentes erhoben ist, den christlichen Eheleuten eine besondere Sendung zum Apostolat, indem er sie als Arbeiter in seinen Weinberg und ganz besonders in diesen Bereich der Familienpastoral sendet.

Dabei handeln sie in Gemeinschaft und Zusammenarbeit mit den anderen Gliedern der Kirche, die ebenfalls zum Wohl der Familie wirken, indem sie ihre Gaben und Dienste fruchtbringend einsetzen. Dieses Apostolat entfaltet sich vor allem im Schoß der eigenen Familie durch das Zeugnis einer Lebensführung, die mit dem göttlichen Gesetz in allen seinen Aspekten in Einklang steht, durch die christliche Erziehung der Kinder, durch die Hilfe, die man ihnen zur Reifung ihres Glaubens gibt, durch die Erziehung zur Keuschheit, durch die Vorbereitung auf das Leben, durch die wache Sorge, sie vor den ideologischen und moralischen Gefahren zu bewahren, von denen sie oft bedroht sind, durch ihre schrittweise und überlegte Eingliederung in die kirchliche und bürgerliche Gemeinschaft, durch Hilfe und Rat bei der Berufswahl, durch gegenseitige Hilfeleistung zwischen den Gliedern der Familie für ein gemeinsames Wachsen als Menschen und Christen und durch ähnliches mehr. Das apostolische Wirken der Familie strahlt schließlich mit leiblichen und geistigen Werken der Nächstenliebe auch auf die anderen Familien aus, besonders auf jene, die am meisten auf Hilfe und Halt angewiesen sind, auf die Armen, die Kranken, die Alten, die Behinderten, die Waisen, die Witwen, die verlassenen Ehegatten, die unverheirateten Mütter und auch auf jene, die in schwierigen Situationen versucht sind, sich ihrer Leibesfrucht zu entledigen.

Vereinigungen von Familien für die Familien

72. Im Bereich der Kirche, die der verantwortliche Träger der Familienpastoral ist, muß ferner an die verschiedenen Vereinigungen von Gläubigen erinnert werden, in denen in gewisser Weise das Geheimnis der Kirche Christi aufleuchtet und gelebt wird. Daher müssen jeweils nach ihren eigenen Besonderheiten, Zielsetzungen, Wirkweisen und Methoden die verschiedenen kirchlichen Gemeinschaften und Gruppen sowie die zahlreichen Bewegungen, die sich aus unterschiedlichen Gründen, auf verschiedenen Ebenen und in mannigfaltiger Weise in der Familienpastoral einsetzen, anerkannt und ernst genommen werden.

Aus diesem Grunde hat auch die Synode den nützlichen Beitrag dieser Vereinigungen für Spiritualität, Erziehung und Apostolat ausdrücklich anerkannt. Es wird deren Aufgabe sein, unter den Gläubigen ein lebendiges Gespür für Solidarität zu wecken, eine vom Evangelium und vom Glauben der Kirche geprägte Lebensführung zu fördern, die Gewissen nach den christlichen Werten und nicht nach den Maßstäben der öffentlichen Meinung zu bilden, zu karitativen Werken füreinander und anderen gegenüber in einer solchen offenen Haltung anzuregen, welche die christlichen Familien zu einer wahren Quelle des Lichtes und zu einem guten Sauerteig für die anderen macht.

Ähnlich ist es wünschenswert, daß sich die christlichen Familien mit wachem Gespür für das Gemeinwohl auch in anderen, nicht-kirchlichen Vereinigungen auf allen Ebenen aktiv einsetzen. Einige dieser Vereinigungen haben sich die Erhaltung, die Vermittlung und den Schutz der gesunden ethischen und kulturellen Werte ihres Volkes zum Ziel gesetzt, ferner die Entfaltung der menschlichen Person, den medizinischen, rechtlichen und sozialen Schutz der Mutterschaft und Kindheit, die gerechte Förderung der Frau und den Kampf gegen alles, was ihre Würde verletzt, die Stärkung gegenseitiger Solidarität, die Kenntnis der Probleme, die mit einer verantwortlichen Geburtenregelung nach den natürlichen, mit der menschlichen Würde und der Lehre der Kirche übereinstimmenden Methoden verbunden sind. Andere Vereinigungen bemühen sich um die Schaffung einer gerechteren und menschlicheren Welt, um die Einführung gerechter Gesetze, die eine rechte soziale Ordnung in der vollen Achtung der Würde und jeder legitimen Freiheit des einzelnen Menschen und der Familie auf nationaler und internationaler Ebene fördern, um Zusammenarbeit mit der Schule und anderen Institutionen, welche die Erziehung der Kinder ergänzen, und um weitere ähnliche Ziele.

III. MITWIRKENDE IN DER FAMILIENPASTORAL

Neben der Familie, welcher dieser pastorale Dienst gilt, die ihn aber auch selbst leistet, sind nun die anderen wichtigsten Mitarbeiter in diesem besonderen Bereich zu erwähnen.

Bischöfe und Priester

73. Die erste Verantwortung für den pastoralen Dienst an den Familien in der Diözese kommt dem Bischof zu. Als Vater und Hirt muß er in besonderer Weise Sorge tragen für diesen Bereich der Pastoral, der ohne Zweifel vorrangig ist. Dafür muß er Interesse, Fürsorge und Zeit aufbringen sowie Personal und Sachmittel einsetzen. Insbesondere ist jedoch sein persönlicher Einsatz für die Familien gefordert sowie für alle jene, die ihm in den verschiedenen Strukturen der Diözese beim pastoralen Dienst an den Familien helfen. Ein besonderes Anliegen wird es ihm sein, dafür zu sorgen, daß seine Diözese immer mehr zu einer „Diözesanfamilie" wird, Vorbild und Quelle der Hoffnung für die vielen Familien im Bistum. Die Schaffung des Päpstlichen Rates für die Familie muß in diesem Zusammenhang gesehen werden; er soll die Bedeutung sichtbar machen, welche ich dem pastoralen Dienst an den Familien in der Welt beimesse, und zugleich ein wirksames Instrument zu ihrer Förderung auf jeder Ebene sein.

Die Bischöfe stützen sich dabei vor allem auf die Priester, deren Tätigkeit, wie die Synode ausdrücklich festgestellt hat, einen wesentlichen Teil des Dienstes der Kirche für Ehe und Familie ausmacht. Dasselbe gilt für jene Diakone, die gerade für diesen pastoralen Bereich beauftragt werden sollten.

Die Verantwortung der Geistlichen umfaßt dabei nicht nur moralische und liturgische Fragen, sondern auch solche persönlicher und sozialer Art. Sie müssen der Familie in ihren Schwierigkeiten und Leiden eine Stütze sein, ihren Gliedern zur Seite stehen und ihnen helfen, ihr Leben im Lichte des Evangeliums zu sehen. Durchaus nicht überflüssig ist der Hinweis darauf, daß aus solchem Einsatz, wenn er mit gebührendem Unterscheidungsvermögen und wahrhaft apostolischem Geist geleistet wird, dem geweihten Diener der Kirche neue Anregungen und geistliche Kräfte auch für die eigene Berufung und die Erfüllung seines Dienstamtes erwachsen.

Rechtzeitig und gründlich auf ein solches Apostolat vorbereitet, müssen Priester und Diakon den Familien stets wie ein Vater, Bruder, Hirt und Lehrer sein, ihnen die Hilfe der Gnade vermitteln und sie mit dem Licht der Wahrheit erleuchten. Ihre Unterweisung und Ratschläge müssen daher immer in vollem Einklang stehen mit dem authentischen Lehramt der Kirche, um so dem Volk Gottes zu helfen, sich einen rechten Glaubenssinn zu bilden, der dann im täglichen Leben angewandt werden soll. Eine solche Treue zum Lehramt wird es den Priestern auch ermöglichen, mit ganzer Kraft um Übereinstimmung in ihren Urteilen bemüht zu sein, um den Gläubigen Gewissensnöte zu ersparen.

Hirten und Laien haben in der Kirche Anteil an der prophetischen Sendung Christi: die Laien, indem sie mit Worten und mit ihrem christlichen Leben den Glauben bezeugen; die Hirten, indem sie unterscheiden, was in diesem Zeugnis Ausdruck echten Glaubens ist und was dem Licht des Glaubens weniger entspricht; die Familie als christliche Gemeinschaft schließlich durch ihr eigenes Glaubensleben und Zeugnis. So kommt es auch zu einem Dialog zwischen Seelsorgern und Familien. Dabei können die Theologen und anderen Fachleute, die mit Familienproblemen vertraut sind, große Hilfe leisten, indem sie genau erklären, was die Kirche lehrt und was sich aus der Erfahrung des Familienlebens ergibt. Auf diese Weise kommt es zu einem besseren Verständnis der Aussagen des Lehramtes, und es wird der Weg geebnet zu deren fortschreitender Entfaltung. Doch ist es gut, daran zu erinnern, daß die unmittelbare und verpflichtende Norm der Glaubenslehre auch für die Probleme der Familie im hierarchischen Lehramt liegt. Eindeutige Beziehungen zwischen Theologen, Fachleuten in Familienfragen und Lehramt helfen viel zum rechten Verständnis des Glaubens und zur Förderung einer berechtigten Vielfalt innerhalb seiner Grenzen.

Männer und Frauen im Ordensstand

74. Der Beitrag, den Ordensleute und alle gottgeweihten Menschen in das Familienapostolat einbringen können, findet seinen ersten, grundlegenden und unverwechselbaren Ausdruck gerade in ihrer Weihe an Gott. Diese Weihe ruft „allen Christgläubigen jenen wunderbaren Ehebund in Erinnerung, den Gott begründet hat und der erst in der kommenden Welt ganz offenbar wird, den Ehebund der Kirche mit Christus, ihrem einzigen Bräutigam“[169]. Durch ihre Weihe werden die Ordensleute ferner zu Zeugen jener umfassenden Liebe, die in ihnen durch die Ehelosigkeit um des Himmelreiches willen eine immer größere Bereitschaft weckt, sich hochherzig dem Dienst vor Gott und den Werken des Apostolats zu widmen.

Daraus ergibt sich die Möglichkeit, daß Ordens-

[169] II. Vatikanisches Konzil, Dekret über die zeitgemäße Erneuerung des Ordenslebens „Perfectae caritatis“, 12.

männer und Ordensfrauen, Mitglieder von Säkularinstituten und anderen Vereinigungen christlicher Vollkommenheit als einzelne oder in Gemeinschaft einen Dienst an den Familien übernehmen. Besondere Fürsorge werden sie den Kindern schenken, vor allem wenn diese verlassen, unerwünscht, verwaist, arm oder behindert sind. Sie werden die Familien besuchen und Kranke versorgen. Mit Achtung und Liebe werden sie sich jenen zuwenden, deren Familie unvollständig, in Schwierigkeiten oder zerbrochen ist. Durch Unterweisung und Beratung werden sie junge Menschen auf die Ehe vorbereiten und Verheirateten Hilfen anbieten für eine wirklich verantwortliche Weitergabe des Lebens. In schlichter und herzlicher Gastfreundschaft werden sie ihre Häuser öffnen, damit die Familien dort den Sinn für Gott, für Gebet und Sammlung und das konkrete Beispiel eines Lebens in brüderlicher Liebe und Freude als Glieder der großen Gottesfamilie erfahren.

An die Leiter aller Gemeinschaften gottgeweihten Lebens möchte ich eindringlich appellieren, bei aller grundsätzlichen Beachtung des eigenen und besonderen Charismas das Familienapostolat als eine der vorrangigen Aufgaben anzusehen, die durch die heutigen Verhältnisse besonders dringend geworden sind.

Fachleute unter den Laien

75. Gute Hilfe können den Familien auch Laien bieten, die als Fachleute, wie Ärzte, Rechtsanwälte, Psychologen, Sozialarbeiter, Ehe- und Familienberater und ähnliche einzeln oder auch als Mitarbeiter in verschiedensten Verbänden und Einrichtungen aufklä-

ren, beraten, orientieren und unterstützen. Ihnen allen können die Worte gelten, die ich an die Vereinigung christlich orientierter Familienberatungsstellen richten durfte: „Euer Einsatz verdient sehr wohl die Bezeichnung Sendung; denn er gilt hohen Zielen, und seine Ergebnisse sind entscheidend für das Wohl der Gesellschaft und der christlichen Gemeinschaft selbst ... Alles, was ihr zur Unterstützung der Familie erreicht, wirkt über diese hinaus auch auf andere Menschen und in die Gesellschaft hinein. Die Zukunft der Welt und der Kirche führt über die Familie."[170]

Massenmedien: Medienschaffende und Empfänger

76. Eigens zu erwähnen ist der Bereich der Massenmedien, der im heutigen Leben so bedeutsam ist. Bekanntlich haben die Medien „einen oft sehr tiefen Einfluß auf den Empfänger im affektiven, intellektuellen, sittlichen und religiösen Bereich", zumal auf Jugendliche[171]. Sie können sich daher im Leben und in den Verhaltensweisen der Familien sowie in der Erziehung der Kinder segensreich auswirken. Zugleich enthalten sie aber auch „beträchtliche Gefahrenmomente"[172]. Zuweilen geschickt und systematisch manipuliert, wie es leider in manchen Ländern der Welt geschieht, können die Medien zu Vermittlern zerstörerischer Ideologien und entstellter Auffassungen

[170] 29. 11. 1980, Nr. 3-4: Insegnamenti di Giovanni Paolo II, III, 2 (1980) 1453f.

[171] Paul VI., Botschaft zum III. Welttag der Sozialen Kommunikationsmittel (7. 4. 1969): AAS 61 (1969) 455.

[172] Johannes Paul II., Botschaft zum Welttag der Sozialen Kommunikationsmittel 1980 (1. 5. 1980): Insegnamenti di Giovanni Paolo II, III, 1 (1980) 1042.

über Leben, Familie, Religion und Sittlichkeit werden, ohne Achtung vor der wahren Würde des Menschen und seiner Bestimmung.

Diese Gefahr ist sehr real; denn „die heutige Lebensweise besonders in den hochindustrialisierten Nationen führt häufig dazu, daß sich die Familien ihrer Erziehungsaufgaben entledigen, indem sie in der leicht zugänglichen Ablenkung (zu Hause vor allem verkörpert durch das Fernsehen und bestimmte Publikationen) die Möglichkeit finden, ihre Kinder beschäftigt zu halten“[173]. Hier ergibt sich „die Pflicht, vor allem die Kinder und Jugendlichen vor den ‚Aggressionen‘ der Massenmedien zu schützen“, indem man dafür Sorge trägt, daß der Umgang mit den Medien in der Familie genau geregelt ist. Auch müßte es der Familie ein Anliegen sein, sich um gesündere und nützlichere Weisen von Erholung und Entspannung für ihre Kinder zu bemühen, die sie körperlich, moralisch und geistig besser formen, „um so die Freizeit der Kinder sinnvoller und vielfältiger zu nutzen und ihren Kräften eine Richtung zu geben“[174].

Da die Instrumente der sozialen Kommunikation neben Schule und Umwelt auch auf die Bildung der jugen Menschen einen oft beträchtlichen Einfluß haben, müssen die Eltern als Empfänger aktiv mitwirken im maßvollen, kritischen, wachsamen und klugen Umgang mit den Medien und sorgfältig darauf achten, welchen Einfluß diese auf ihre Kinder haben; durch orientierende Hilfen müssen sie „das Gewissen ihrer Kinder so bilden, daß sie zu sachlichen und objekti-

[173] Johannes Paul II., Botschaft zum Welttag der Sozialen Kommunikationsmittel 1981 (10. 5. 1981), 5: „L'Osservatore Romano“, 22. 5. 1981.
[174] Ebenda.

ven Urteilen befähigt werden, von denen sie sich dann bei der Auswahl aus dem Angebot der Medien leiten lassen können"[175].

Mit gleichem Einsatz sollen die Eltern im Hinblick auf die Erstellung des Medienangebots aktiv werden. Durch geeignete Initiativen werden sie Kontakt halten mit denen, die in den verschiedenen Stadien der Produktion und Übermittlung Verantwortung tragen, um zu gewährleisten, daß die grundlegenden menschlichen Werte, die zum wahren Gemeinwohl der Gesellschaft gehören, nicht zu Unrecht vernachlässigt oder offen mit Füßen getreten werden. Die Programme sollen vielmehr die Probleme der Familie und deren angemessene Lösung im rechten Licht darstellen. In diesem Zusammenhang schrieb mein verehrter Vorgänger Paul VI.: „Die Produzenten müssen die Erfordernisse der Familie kennen und achten. Das setzt bei ihnen manchmal echten Mut voraus, immer aber ein hohes Verantwortungsbewußtsein. Sie sind verpflichtet, alles zu vermeiden, was die Familie in ihrem Bestand, ihrer Festigkeit, ihrem Gleichgewicht und Glück beeinträchtigen könnte. Jeder Angriff auf die grundlegenden Werte der Familie, mag es sich um Erotisierung oder Gewalttätigkeit, um Verteidigung der Ehescheidung oder asozialer Verhaltensweisen Jugendlicher handeln, ist immer auch ein Angriff auf das wahre Wohl des Menschen."[176]

Im gleichen Zusammenhang habe ich selbst hervorgehoben, daß die Familien „in nicht geringem Maß auf den guten Willen, die Redlichkeit und das Verant-

175 Paul VI., Botschaft zum III. Welttag der Sozialen Kommunikationsmittel (7. 4. 1969): AAS 61 (1969) 456.
176 Ebenda.

wortungsbewußtsein derer zählen können müssen, die beruflich in den *Medien* tätig sind, der Herausgeber, Schriftsteller, Produzenten, Direktoren, Dramaturgen, Informatoren, Kommentatoren und Schauspieler"[177]. Darum ist es Pflicht, daß man diesen Medienschaffenden auch von seiten der Kirche weiterhin jegliche Aufmerksamkeit schenkt und zugleich jene Katholiken, die sich bei entsprechender Begabung in diesen schwierigen Bereich berufen fühlen, ermutigt und unterstützt.

IV. FAMILIENPASTORAL FÜR SCHWIERIGE SITUATIONEN

Besondere Verhältnisse

77. Ein pastoraler Einsatz, der noch mehr Hochherzigkeit, Verständnis und Klugheit nach dem Beispiel des Guten Hirten erfordert, hat jenen Familien zu gelten, die oft unabhängig vom eigenen Willen oder bedrängt von Sachzwängen verschiedenster Art eine objektiv schwierige Lage zu bewältigen haben.

In diesem Zusammenhang muß vor allem auf einige besondere Arten von Schwierigkeiten hingewiesen werden, bei denen es nicht nur der unmittelbaren Hilfe bedarf, sondern vor allem einer gezielten Aktion in die Öffentlichkeit hinein, vor allem im Hinblick auf kulturelle, wirtschaftliche und rechtliche Strukturen, um die tieferen Ursachen dieser Schwierigkeiten soweit wie möglich auszuräumen.

177 Botschaft zum Welttag der Sozialen Kommunikationsmittel 1980: Insegnamenti di Giovanni Paolo II, III, 1 (1980) 1044.

Hierher gehören beispielsweise die Familien derer, die um der Arbeit willen auswärts leben; dann die Familien derer, die lange abwesend sein müssen, wie zum Beispiel Soldaten, Menschen, die auf Schiffen Dienst tun, sowie Reisende jeglicher Art; ferner die Familien derer, die in Haftanstalten sind; die Flüchtlingsfamilien oder jene im Exil; weiterhin Familien, die in Großstädten ein Randdasein führen, jene, die keine Wohnung haben, die unvollständig sind oder nur einen Elternteil haben, Familien mit behinderten oder drogensüchtigen Kindern, Familien mit Alkoholikern; Familien, die aus ihrer kulturellen und sozialen Umwelt herausgerissen sind oder Gefahr laufen, sie zu verlieren; Familien, die aus politischen oder anderen Gründen diskriminiert sind, die aus weltanschaulichen Gründen in sich geteilt sind, die nur schwer Kontakt zu einer Pfarrei finden, die um ihres Glaubens willen Verfolgung oder ungerechte Behandlung erfahren; Familien mit minderjährigen Eltern oder alte Menschen, die nicht selten zu einem Leben in Einsamkeit und ohne hinreichenden Unterhalt gezwungen sind.

Die *Familien derer, die auswärts leben,* wobei es sich insbesondere um Arbeiter in Industrie und Landwirtschaft handelt, müssen überall in der Kirche eine Heimat finden. Hier liegt eine wesensgemäße Aufgabe der Kirche, da sie Zeichen der Einheit in der Verschiedenheit ist. Soweit wie möglich sollen die Emigranten von Geistlichen des eigenen Ritus, der eigenen Kultur und Sprache betreut werden. Ferner kommt es der Kirche zu, an das öffentliche Bewußtsein sowie an die Verantwortlichen im sozialen, wirtschaftlichen und politischen Leben zu appellieren, daß die Werktätigen im eigenen Gebiet und Vaterland Arbeit finden und einen gerechten Lohn erhalten, daß die Familien möglichst schnell wieder zusammengeführt werden, daß auf ihre kulturelle Identität Rücksicht genommen wird, daß sie gleich wie alle anderen behandelt werden, daß ihren Kindern Gelegenheit zur Berufsausbildung und Berufsausübung eingeräumt wird, daß sie das erforderliche Stück Land bekommen, um arbeiten und leben zu können.

Ein schwieriges Problem bilden die Familien, die aus *weltanschaulichen Gründen in sich geteilt* sind. Hier ist eine besondere pastorale Sorge erfordert. Vor allem ist mit solchen Familien diskreter persönlicher Kontakt zu halten. Die Gläubigen müssen in ihrem Glauben gestärkt und in ihrem christlichen Leben unterstützt werden. Auch wenn der katholische Teil nicht nachgeben kann, muß er doch das Gespräch mit dem anderen Teil stets aufrechterhalten. Sie werden sich häufiger Liebe und Achtung erweisen in der festen Hoffnung, die Einheit unversehrt zu bewahren. Große Bedeutung kommt dabei auch den Beziehungen zwischen Eltern und Kindern zu. Weltanschauungen, die dem Glauben fremd sind, können übrigens die gläubigen Glieder der Familie dazu anregen, im Glauben und im Zeugnis der Liebe zu wachsen.

Eine andere Art von Schwierigkeiten, in denen die Familie die Hilfe der kirchlichen Gemeinschaft und ihrer Hirten braucht, können bereiten: die unruhige und manchmal stürmische Pubertät der Kinder mit ihrem Widerspruchsgeist; die Heirat der Kinder, die diese aus der Familie herausführt, in der sie aufwuchsen; Unverständnis oder Mangel an Liebe seitens derer, die einem besonders lieb und teuer sind; wenn ein Ehegatte den anderen verläßt; der Tod des Partners mit der schmerzlichen Erfahrung der Witwenschaft oder der Tod eines anderen Angehörigen, der die Familiengemeinschaft zutiefst trifft und verändert.

Die Kirche muß auch die Zeit des Alters beachten mit all ihren positiven und negativen Begleiterscheinungen: mögliche Vertiefung ehelicher Liebe, die in langer und ununterbrochener Treue immer reiner und edler werden kann; Bereitschaft, mit den verbliebenen Kräften in neuer Form, in der Güte und Lebensweisheit des Alters, anderen zu dienen; bedrückende Einsamkeit, die öfter seelisch als äußerlich ist, wenn Kinder oder Verwandte sich zurückziehen oder zu wenig Aufmerksamkeit schenken; Leiden an Krankheiten, Leiden durch fortschreitenden Verfall der Kräfte, durch demütigende Abhängigkeit von anderen, durch den bitteren Gedanken, den Angehörigen vielleicht zur Last zu fallen, durch das Herannahen der letzten Augenblicke des Lebens. Dies sind, wie die Synodenväter ausgeführt haben, die Gelegenheiten, in denen jene hohen Werte der Spiritualität von Ehe und Familie leichter verstanden und gelebt werden können, die mit dem Geheimnis des Kreuzes und der Auferstehung Christi verbunden sind; aus ihm kommt Heiligung und tiefe Freude im täglichen Leben, das schon von den großen eschatologischen Wirklichkeiten des ewigen Lebens überstrahlt wird.

In all diesen verschiedenen Lagen darf man nie das Gebet vergessen; es ist Quelle von Licht und Kraft und Nahrung für die christliche Hoffnung.

Konfessionsverschiedene Ehen

78. Die wachsende Zahl von Ehen zwischen Katholiken und anderen Getauften verlangt gleichfalls besondere pastorale Aufmerksamkeit, und zwar im Licht

der Orientierungs- und Leitlinien, die im Laufe der letzten Jahre vom Heiligen Stuhl und von den Bischofskonferenzen herausgegeben wurden und in den verschiedenen Situationen konkrete Anwendung finden sollen.

Eheleuten verschiedener Konfession stellen sich besondere Forderungen, die sich in drei Punkten zusammenfassen lassen.

Man muß sich vor allem der Verpflichtungen bewußt sein, die dem katholischen Teil aus seinem Glauben erwachsen, nämlich diesen frei auszuüben und dementsprechend nach Kräften dafür Sorge zu tragen, daß die Kinder im katholischen Glauben getauft und erzogen werden[178].

In den Beziehungen zwischen Mann und Frau gilt es auch, die besonderen Schwierigkeiten zu sehen hinsichtlich der Achtung der religiösen Freiheit; diese kann durch ungebührlichen Druck in Richtung auf eine Änderung der religiösen Einstellungen des Partners verletzt werden oder durch Hindernisse, die man ihrem freien Vollzug in der religiösen Praxis in den Weg legt.

Was die liturgische und kanonische Form der Eheschließung angeht, so können die Ortsbischöfe großzügigen Gebrauch machen von den Vollmachten, die ihnen für die verschiedenen Erfordernisse gewährt wurden.

Hinsichtlich der genannten besonderen Forderungen ist auf folgendes zu achten:

– Bei der Ehevorbereitung konfessionsverschiedener

178 Vgl. Paul VI., Motuproprio „Matrimonia mixta“, 4-5: AAS 62 (1970) 257ff.; vgl. Johannes Paul II., Ansprache an die Teilnehmer der Vollversammlung des Sekretariates für die Einheit der Christen (13. 11. 1981): „L'Osservatore Romano“, 14. 11. 1981.

Partner soll jede vernünftige Anstrengung gemacht werden, um die katholische Lehre über die besonderen Eigenschaften und Verpflichtungen der Ehe gut verständlich zu machen sowie sicherzustellen, daß es nicht zu der erwähnten Druckausübung und Behinderung kommt.

– Es ist von höchster Wichtigkeit, daß der katholische Teil unter Mitwirkung der Gemeinde in seinem Glauben gestärkt wird und positive Hilfen erfährt, daß er in dessen Verständnis und konkreter Ausübung reifen und so im Schoß der Familie ein glaubwürdiger Zeuge sein kann durch seinen ganzen Lebenswandel und durch die Art der Liebe, welche er dem Gatten und den Kindern schenkt.

Die Ehen zwischen Katholiken und anderen Getauften weisen jedoch, wenn auch in ihrer besonderen Eigenart, zahlreiche Elemente auf, die es zu schätzen und zu entfalten gilt, sei es wegen ihres inneren Wertes, sei es wegen des Beitrags, den sie in die ökumenische Bewegung einbringen können. Dies trifft insbesondere zu, wenn beide Ehepartner ihren religiösen Verpflichtungen nachkommen. Die gemeinsame Taufe und die dynamische Kraft der Gnade sind in diesen Ehen für die Gatten Grundlage und beständige Anregung, ihrer Einheit im Bereich der sittlichen und geistlichen Werte im Leben Gestalt zu geben.

Zu diesem Zweck und auch, um die ökumenische Bedeutung einer solchen konfessionsverschiedenen Ehe hervorzuheben, die voll aus dem Glauben der beiden christlichen Gatten gelebt wird, soll, auch wenn es nicht immer einfach ist, ein herzliches Zusammenwirken zwischen dem katholischen und nichtkatholischen Geistlichen angestrebt werden, und zwar schon bei der Vorbereitung auf die Ehe und die Trauung.

Was die Teilnahme des nichtkatholischen Gatten am eucharistischen Mahl betrifft, so befolge man die vom Sekretariat für die Einheit der Christen erlassenen Weisungen[179].

In verschiedenen Teilen der Welt begegnet man heute einer wachsenden Zahl von Ehen zwischen Katholiken und Nichtgetauften. In vielen Fällen bekennt sich dabei der nichtgetaufte Ehepartner zu einer anderen Religion; seiner Überzeugung ist mit Achtung zu begegnen entsprechend den Grundsätzen der Erklärung „Nostra aetate" des II. Vatikanischen Konzils über die Beziehungen zu den nichtchristlichen Religionen. Aber in nicht wenigen anderen Fällen, vor allem in einer säkularisierten Gesellschaft, bekennt sich der nichtgetaufte Partner zu überhaupt keiner Religion. Für diese Ehen sollen die Bischofskonferenzen und die einzelnen Bischöfe angemessene pastorale Maßnahmen ergreifen, um sicherzustellen, daß der katholische Ehepartner in seinem Glauben verteidigt und in dessen freier Ausübung geschützt wird. Das gilt vor allem für seine Verpflichtung, alles in seiner Macht Stehende zu tun, damit seine Kinder katholisch getauft und erzogen werden. Der katholische Partner muß ebenso in jeder Weise darin unterstützt werden, in seiner Familie das echte Glaubens- und Lebenszeugnis eines katholischen Christen zu geben.

[179] Instruktion „In quibus rerum circumstantiis" (15. 6. 1972): AAS 64 (1972) 518-525; Note vom 17. 10. 1973: AAS 65 (1973) 616-619.

Der pastorale Einsatz angesichts einiger irregulärer Situationen

79. In ihrer Sorge um den Schutz der Familie in all ihren Dimensionen und nicht nur in religiöser Hinsicht ist die Bischofssynode auch auf einige Situationen besonders eingegangen, die religiös und oft auch zivilrechtlich irregulär sind und sich infolge des heute so raschen kulturellen Wandels leider auch unter Katholiken ausbreiten zum nicht geringen Schaden der Institution der Familie als solcher sowie der menschlichen Gesellschaft, deren grundlegende Zelle sie ist.

a) Die Ehe auf Probe

80. Eine erste irreguläre Situation ist das, was man „Ehe auf Probe" nennt. Viele möchten sie heute rechtfertigen und ihr einen gewissen Wert beimessen. Aber schon die bloße menschliche Vernunft spricht gegen sie; zeigt sie doch, wie wenig überzeugend es ist, ein „Experiment" anzustellen, wo es um menschliche Personen geht, deren Würde verlangt, daß sie für immer und ausschließlich das Ziel liebender Hingabe sind, ohne jegliche zeitliche oder sonstige Begrenzung.

Die Kirche ihrerseits kann einem solchen Ehemodell aus weiteren, ihr eigenen Motiven nicht zustimmen, die sich aus ihrem Glauben herleiten. Die leibliche Hingabe in der geschlechtlichen Begegnung ist ja ein Realsymbol für die Hingabe der ganzen Person; eine solche Hingabe kann aber in der gegenwärtigen Heilsordnung nur aus der Kraft der übernatürlichen Liebe, wie Christus sie schenkt, wahrhaft verwirklicht werden. Ferner ist die Ehe zwischen zwei Getauften auch ein Realsymbol für die Einheit zwischen Christus und seiner Kirche, eine Einheit, die nicht zeitlich begrenzt ist oder nur „auf Probe" gilt, sondern ewige Treue bedeutet. Zwischen zwei Getauften kann es deshalb nur einen unauflöslichen Ehebund geben.

Die geschilderte Situation kann normalerweise nur überwunden werden, wenn die menschliche Person von Kindheit an mit der Hilfe der Gnade Christi und ohne Ängstlichkeit dazu erzogen wurde, die aufkeimende Begierde zu beherrschen und zu den Mitmenschen Beziehungen echter Liebe aufzunehmen. Dahin gelangt man nicht ohne wahre Erziehung zu solcher Liebe und zum rechten Gebrauch der Sexualität. Diese Erziehung muß so sein, daß sie die menschliche Person in all ihren Dimensionen und darum auch in ihrer Leiblichkeit einführt in die Fülle des Mysteriums Christi.

Es wird sehr nützlich sein, den Ursachen des Phänomens der Ehe auf Probe nachzugehen, auch in psychologischer und soziologischer Hinsicht, um eine angemessene Therapie zu finden.

b) Freie Verbindungen

81. Hier handelt es sich um Verbindungen ohne jegliches öffentlich anerkanntes institutionelles Band, sei es zivilrechtlich oder religiös. Diese Erscheinung, der wir immer häufiger begegnen, muß gleichfalls die Aufmerksamkeit der Seelsorger auf sich ziehen, auch deshalb, weil ihr die verschiedensten Ursachen zugrunde liegen können und ein Einwirken auf diese die Folgen vielleicht zu begrenzen vermag.

Manche halten sich aus wirtschaftlichen, kulturellen oder religiösen Schwierigkeiten zu solchen freien Verbindungen gleichsam genötigt, weil sie bei Eingehen einer regulären Ehe Schaden zu befürchten hätten, den Verlust wirtschaftlicher Vorteile, Diskriminierungen usw. Bei anderen hingegen begegnet man einer Haltung der Verachtung, des Protestes oder der Ablehnung gegenüber der Gesellschaft, der Familie als Institution, der gesellschaftlich-politischen Ordnung oder einer Haltung, die nur auf Lebensgenuß ausgeht. Wieder andere werden dazu getrieben durch äußerste Unwissenheit und Armut, manchmal infolge wirklich ungerechter Verhältnisse oder auch durch eine gewisse seelische Unreife, die sie mit Unsicherheit und Furcht vor einer dauerhaften und endgültigen Bindung erfüllt. In einigen Ländern sehen überlieferte Sitten eine wirkliche Ehe erst nach einer Zeit gemeinsamen Lebens und nach der Geburt des ersten Kindes vor.

Jedes dieser Elemente stellt die Kirche vor schwierige pastorale Probleme, und zwar wegen der ernsten Folgen, die sich daraus ergeben sowohl in religiös-sittlicher Hinsicht (Verlust der religiösen Bedeutung der Ehe im Licht des Bundes Gottes mit seinem Volk, Fehlen der sakramentalen Gnade, schweres Ärgernis) als auch in sozialer Hinsicht (Zerstörung des Familienbegriffs, Schwächung des Sinnes für Treue auch gegenüber der Gesellschaft, mögliche seelische Schäden bei den Kindern, zunehmender Egoismus).

Seelsorger und kirchliche Gemeinschaft werden bemüht sein, solche Situationen und deren konkrete Ursachen Fall für Fall kennenzulernen; diskret und taktvoll mit denen, die zusammenleben, Kontakt aufzunehmen; mit geduldiger Aufklärung, liebevoller Ermahnung und dem Zeugnis christlich gelebter Familie darauf hinzuwirken, daß ihnen der Weg gebahnt werde, ihre Situation zu ordnen. Vor allem sollte man sich jedoch darum bemühen, solchen Erscheinungen vorzubeugen, indem man in der ganzen sittlichen und religiösen Erziehung der Jugend den Sinn für Treue pflegt, ihr die Bedingungen und Strukturen erklärt, welche einer solchen Treue förderlich sind, ohne die es keine wahre Freiheit gibt, und sie im geistlichen Reifen fördert sowie ihr die reiche menschliche und übernatürliche Wirklichkeit des Ehesakramentes erschließt.

Das Volk Gottes möge auch auf die Träger öffentlicher Verantwortung einwirken; sie sollen sich diesen Tendenzen mit ihren zersetzenden Wirkungen auf die Gesellschaft und ihren Schäden für die Würde, Sicherheit und das Wohl der einzelnen Bürger entschieden widersetzen; sie sollen sich bemühen, daß die öffentliche Meinung nicht zu einer Unterbewertung der Bedeutung der Institution von Ehe und Familie verleitet werde. Da in vielen Gegenden die jungen Menschen wegen äußerster Armut infolge ungerechter oder unzureichender sozio-ökonomischer Strukturen nicht heiraten können, wie es sich gebührt, müssen die Gesellschaft und jene, die öffentliche Verantwortung tragen, die legitime Ehe durch eine Reihe von sozialen und politischen Maßnahmen fördern, indem sie den familiengerechten Lohn sichern, Vorkehrungen für ein familiengerechtes Wohnen treffen und entsprechende Arbeits- und Lebensmöglichkeiten schaffen.

c) Katholiken, die nur zivil getraut sind

82. Immer häufiger gibt es Katholiken, die es aus weltanschaulichen oder praktischen Gründen vorzie-

hen, nur eine Zivilehe einzugehen, während sie die kirchliche Eheschließung ablehnen oder wenigstens hinausschieben. Diese Situation kann nicht ohne weiteres mit der jener gleichgesetzt werden, die ohne jede offizielle Bindung zusammenleben; denn hier findet sich wenigstens eine bestimmte Verpflichtung zu einem fest umschriebenen und wahrscheinlich dauerhaften Lebensstand, wenn auch mit einem solchen Schritt oft der Blick auf eine eventuelle Scheidung verbunden ist. Indem solche Paare die öffentliche Anerkennung ihrer Bindung durch den Staat suchen, zeigen sie sich bereit, mit den Vorteilen auch die Verpflichtungen auf sich zu nehmen. Trotzdem ist auch diese Situation für die Kirche unannehmbar.

Die Pastoral wird die Notwendigkeit einer Übereinstimmung zwischen der Lebenswahl und dem Glauben, den man bekennt, verständlich zu machen suchen und möglichst bemüht sein, diese Menschen dahin zu bringen, ihre eigene Situation im Licht christlicher Grundsätze in Ordnung zu bringen. Obwohl man ihnen mit viel Liebe begegnen und sie zur Teilnahme am Leben ihrer Gemeinden einladen wird, können sie von den Hirten der Kirche leider nicht zu den Sakramenten zugelassen werden.

d) Getrennte und Geschiedene ohne Wiederheirat

83. Verschiedene Gründe wie gegenseitiges Unverständnis oder die Unfähigkeit, sich für personale Beziehungen zu öffnen, können zu der schmerzlichen Folge führen, daß in einer gültigen Ehe ein oft unheilbarer Bruch eintritt. Natürlich muß die Trennung als ein äußerstes Mittel angesehen werden, nachdem jeder

andere vernünftige Versuch sich als vergeblich erwiesen hat.

Einsamkeit und andere Schwierigkeiten sind oft die Folge für den getrennten Gatten, zumal wenn er unschuldig ist. Solchen Menschen muß die kirchliche Gemeinschaft ganz besondere Fürsorge zuwenden und ihnen Wertschätzung, Solidarität, Verständnis und konkrete Hilfe entgegenbringen, damit es ihnen möglich ist, auch in ihrer schwierigen Situation die Treue zu bewahren. Man wird ihnen helfen, zu einer Haltung des Verzeihens zu finden, wie sie von der christlichen Liebe geboten ist, und zur Bereitschaft, die frühere eheliche Lebensgemeinschaft gegebenenfalls wieder aufzunehmen.

Ähnlich liegt der Fall eines Ehegatten, der geschieden wurde, aber sehr wohl um die Unauflöslichkeit des gültigen Ehebandes weiß und darum keine neue Verbindung eingeht, sondern sich einzig um die Erfüllung seiner Verpflichtungen für die Familie und ein christliches Leben bemüht. Ein solches Beispiel der Treue und christlicher Konsequenz ist ein wertvolles Zeugnis vor der Welt und der Kirche. Um so notwendiger ist es, daß die Kirche solchen Menschen in Liebe und mit praktischer Hilfe unablässig beisteht, wobei es keinerlei Hindernis gibt, sie zu den Sakramenten zuzulassen.

e) Wiederverheiratete Geschiedene

84. Die tägliche Erfahrung zeigt leider, daß derjenige, der sich scheiden läßt, meist an eine neue Verbindung denkt, natürlich ohne katholische Trauung. Da es sich auch hier um eine weitverbreitete Fehlent-

wicklung handelt, die mehr und mehr auch katholische Bereiche erfaßt, muß dieses Problem unverzüglich aufgegriffen werden. Die Väter der Synode haben es ausdrücklich behandelt. Die Kirche, die dazu gesandt ist, um alle Menschen und insbesondere die Getauften zum Heil zu führen, kann diejenigen nicht sich selbst überlassen, die eine neue Verbindung gesucht haben, obwohl sie durch das sakramentale Eheband schon mit einem Partner verbunden sind. Darum wird sie unablässig bemüht sein, solchen Menschen ihre Heilsmittel anzubieten.

Die Hirten mögen beherzigen, daß sie um der Liebe zur Wahrheit willen verpflichtet sind, die verschiedenen Situationen gut zu unterscheiden. Es ist ein Unterschied, ob jemand trotz aufrichtigen Bemühens, die frühere Ehe zu retten, völlig zu Unrecht verlassen wurde oder ob jemand eine kirchlich gültige Ehe durch eigene schwere Schuld zerstört hat. Wieder andere sind eine neue Verbindung eingegangen im Hinblick auf die Erziehung der Kinder und haben manchmal die subjektive Gewissensüberzeugung, daß die frühere, unheilbar zerstörte Ehe niemals gültig war.

Zusammen mit der Synode möchte ich die Hirten und die ganze Gemeinschaft der Gläubigen herzlich ermahnen, den Geschiedenen in fürsorgender Liebe beizustehen, damit sie sich nicht als von der Kirche getrennt betrachten, da sie als Getaufte an ihrem Leben teilnehmen können, ja dazu verpflichtet sind. Sie sollen ermahnt werden, das Wort Gottes zu hören, am heiligen Meßopfer teilzunehmen, regelmäßig zu beten, die Gemeinde in ihren Werken der Nächstenliebe und Initiativen zur Förderung der Gerechtigkeit zu unterstützen, die Kinder im christlichen Glauben zu erziehen und den Geist und die Werke der Buße zu pflegen, um so von Tag zu Tag die Gnade Gottes auf sich herabzurufen. Die Kirche soll für sie beten, ihnen Mut machen, sich ihnen als barmherzige Mutter erweisen und sie so im Glauben und in der Hoffnung stärken.

Die Kirche bekräftigt jedoch ihre auf die Heilige Schrift gestützte Praxis, wiederverheiratete Geschiedene nicht zum eucharistischen Mahl zuzulassen. Sie können nicht zugelassen werden; denn ihr Lebensstand und ihre Lebensverhältnisse stehen in objektivem Widerspruch zu jenem Bund der Liebe zwischen Christus und der Kirche, den die Eucharistie sichtbar und gegenwärtig macht. Darüber hinaus gibt es noch einen besonderen Grund pastoraler Natur: Ließe man solche Menschen zur Eucharistie zu, bewirkte dies bei den Gläubigen hinsichtlich der Lehre der Kirche über die Unauflöslichkeit der Ehe Irrtum und Verwirrung.

Die Wiederversöhnung im Sakrament der Buße, das den Weg zum Sakrament der Eucharistie öffnet, kann nur denen gewährt werden, welche die Verletzung des Zeichens des Bundes mit Christus und der Treue zu ihm bereut und die aufrichtige Bereitschaft zu einem Leben haben, das nicht mehr im Widerspruch zur Unauflöslichkeit der Ehe steht. Das heißt konkret, daß, wenn die beiden Partner aus ernsthaften Gründen - zum Beispiel wegen der Erziehung der Kinder - der Verpflichtung zur Trennung nicht nachkommen können, „sie sich verpflichten, völlig enthaltsam zu leben, das heißt, sich der Akte zu enthalten, welche Eheleute vorbehalten sind“[180].

Die erforderliche Achtung vor dem Sakrament der

180 Johannes Paul II., Homilie zum Abschluß der VI. Bischofssynode (25. 10. 1980), 7: AAS 72 (1980) 1082.

Ehe, vor den Eheleuten selbst und deren Angehörigen wie auch gegenüber der Gemeinschaft der Gläubigen verbietet es jedem Geistlichen, aus welchem Grund oder Vorwand auch immer, sei er auch pastoraler Natur, für Geschiedene, die sich wiederverheiraten, irgendwelche liturgischen Handlungen vorzunehmen. Sie würden ja den Eindruck einer neuen sakramental gültigen Eheschließung erwecken und daher zu Irrtümern hinsichtlich der Unauflöslichkeit der gültig geschlossenen Ehe führen.

Durch diese Haltung bekennt die Kirche ihre eigene Treue zu Christus und seiner Wahrheit; zugleich wendet sie sich mit mütterlichem Herzen diesen ihren Söhnen und Töchtern zu, vor allem denen, die ohne ihre Schuld von ihrem rechtmäßigen Gatten verlassen wurden.

Die Kirche vertraut fest darauf, daß auch diejenigen, die sich vom Gebot des Herrn entfernt haben und noch in einer solchen Situation leben, von Gott die Gnade der Umkehr und des Heils erhalten können, wenn sie ausdauernd geblieben sind in Gebet, Buße und Liebe.

Menschen ohne Familie

85. Noch einer anderen Gruppe von Menschen möchte ich ein Wort widmen. Aufgrund ihrer konkreten Lebensverhältnisse, die sie sich vielfach nicht selbst ausgesucht haben, scheinen sie mir dem Herzen Christi besonders nahe und der Zuneigung und wirksamen Fürsorge von seiten der Kirche und ihrer Hirten besonders würdig zu sein.

Es gibt sehr viele Menschen in der Welt, die sich unglücklicherweise auf überhaupt keine Familie im eigentlichen Sinn dieses Wortes beziehen können. Weite Bereiche der Menschheit leben in größter Armut, wo das wahllose Zusammenleben der Geschlechter, die Wohnungsnot, die Unordnung und mangelnde Festigkeit in den Beziehungen zueinander sowie das Fehlen jeglicher Kultur es praktisch unmöglich machen, von einer wahren Familie zu reden. Sodann gibt es Menschen, die aus verschiedenen Gründen in der Welt allein geblieben sind. Doch gibt es auch für sie alle eine „Frohbotschaft der Familie".

Für jene, die in äußerster Armut leben, habe ich bereits auf die dringende Notwendigkeit hingewiesen, sich mutig für Lösungen auch auf politischer Ebene einzusetzen, die den Betroffenen helfen können, solche unmenschliche und entwürdigende Situationen zu überwinden. Dies ist eine Aufgabe, die solidarisch die ganze Gesellschaft angeht, vor allem aber - wegen ihres Auftrags und ihrer entsprechenden Verantwortung - die Behörden, doch auch die Familien, die viel Verständnis und Hilfsbereitschaft zeigen müssen.

Denjenigen, die keine natürliche Familie haben, sollen die Pforten der großen Familie der Kirche um so weiter geöffnet werden, die ihnen konkret in der Diözesan- und Pfarrfamilie, in den kirchlichen Basisgemeinschaften und apostolischen Bewegungen begegnet. Niemand ist ohne Familie auf dieser Welt; die Kirche ist Haus und Familie für alle, besonders für jene, die „sich plagen und schwere Lasten tragen"[181].

[181] Vgl. Mt 11, 28.

Schluß

86. Am Ende dieses Apostolischen Schreibens wende ich mich in bewegter Sorge an euch,

ihr Gatten, ihr Väter und Mütter;

an euch, ihr Jugendlichen, die ihr die hoffnungsvolle Zukunft von Kirche und Welt seid, die tragende Kraft der Familie im kommenden dritten Jahrtausend;

an euch, verehrte liebe Mitbrüder im Bischofs- und Priesteramt, und an euch, geliebte Brüder und Schwestern im Ordensstand, die ihr durch euer gottgeweihtes Leben den Eheleuten die tiefste Wirklichkeit der Liebe Gottes bezeugt;

und schließlich an euch alle, Menschen rechten Sinnes, die ihr wie auch immer für die Familie Sorge tragt.

Die Zukunft der Menschheit geht über die Familie!

Es ist darum unerläßlich und dringend, daß jeder Mensch guten Willens sich dafür einsetzt, die Werte und die Aufgaben der Familie zu erhalten und zu fördern.

Die Söhne und Töchter der Kirche meine ich zu einem besonderen Einsatz in dieser Richtung auffordern zu müssen. Sie, die im Glauben den wunderbaren Plan Gottes in seiner Tiefe kennen, haben ja einen Grund mehr, sich mit ganzem Herzen der Wirklichkeit der Familie in dieser Zeit der Prüfung und Gnade anzunehmen.

Sie müssen der Familie eine besondere Liebe schenken. Das ist ein konkreter, verpflichtender Auftrag.

Liebe zur Familie bedeutet, ihre Werte und Möglichkeiten zu schätzen und stets zu fördern. Liebe zur Familie bedeutet, die ihr drohenden Gefahren und Übel wahrzunehmen und zu bekämpfen. Liebe zur Familie bedeutet ferner, an der Schaffung einer Umgebung mitzuwirken, die ihre Entfaltung begünstigt. In ganz besonderer Weise schließlich zeigt sich diese Liebe, wenn man der christlichen Familie von heute, die oft zu Mutlosigkeit versucht und durch die vermehrten Schwierigkeiten verängstigt ist, wieder Vertrauen zu sich selbst gibt, zu ihrem Reichtum von Natur und Gnade, zu der Sendung, die Gott ihr übertragen hat. „Die Familien unserer Zeit müssen neuen Elan bekommen! Den Weg Christi müssen sie gehen!“[182]

Den Christen kommt es auch zu, *die Frohe Botschaft von der Familie mit Freude und Überzeugung zu verkünden;* denn es ist für die Familie unbedingt notwendig, jene authentischen Worte immer wieder neu zu hören und immer tiefer zu verstehen, die ihr die eigene Identität, ihre inneren Kraftquellen und die Bedeutung ihrer Sendung in der Stadt der Menschen und der Stadt Gottes gültig offenbaren.

Die Kirche kennt den Weg, auf dem die Familie zum Kern ihrer Wahrheit gelangen kann. Diesen Weg, den die Kirche in der Schule Christi und der im Licht des Heiligen Geistes gedeuteten Geschichte gelernt hat, zwingt die Kirche niemandem auf; sie

182 Johannes Paul II., Brief „Appropinquat iam“ (15. 8. 1980), 1: AAS 72 (1980) 791.

fühlt sich aber unabweisbar dazu gedrängt, ihn ohne Furcht, ja sogar mit starkem und hoffnungsvollem Vertrauen allen anzubieten, wenn ihr auch bewußt ist, daß die Frohe Botschaft das Wort vom Kreuz enthält. Aber es ist gerade das Kreuz, das die Familie zur Fülle ihres Wesens und ihrer Liebe reifen läßt.

Ich möchte schließlich alle Christen einladen, *beherzt und herzlich mit allen Menschen guten Willens zusammenzuarbeiten,* die ihre Verantwortung für den Dienst an der Familie wahrnehmen. Wer sich im Bereich der Kirche, in ihrem Namen und in ihrem Geist, dem Wohl der Familie widmet, seien dies einzelne oder Gruppen, Bewegungen und Verbände, findet oft an seiner Seite Personen und Institutionen, die für dasselbe Ideal arbeiten. In Treue zu den Werten des Evangeliums und des Menschen und unter Beachtung einer berechtigten Vielfalt von Intiativen kann eine solche Zusammenarbeit zu einer rascheren und umfassenderen Förderung der Familie beitragen.

Und nun, zum Abschluß dieser pastoralen Botschaft, die aller Aufmerksamkeit für die ernsten und zugleich faszinierenden Aufgaben der christlichen Familie wecken will, möchte ich den Schutz der heiligen Familie von Nazaret erbitten.

Durch den geheimnisvollen Ratschluß Gottes hat in ihr für viele Jahre der Sohn Gottes verborgen gelebt. Sie ist deshalb Urbild und Beispiel für alle christlichen Familien. Diese Familie, einzig in der ganzen Welt, hat unerkannt und still in einer kleinen Ortschaft Palästinas gelebt; sie ist von Armut, Verfolgung und Verbannung heimgesucht worden, und sie hat auf unvergleichlich erhabene und lautere Weise Gott verherrlicht. Diese Familie wird den christlichen Familien ihre Hilfe nicht versagen, ja sie wird allen Familien in der Welt beistehen in der Treue zu ihren täglichen Pflichten, im Ertragen der Ängste und Bedrängnisse des Lebens, in der hochherzigen Zuwendung zu den Nöten der anderen, in der freudigen Erfüllung ihrer Berufung.

Möge der heilige Josef, der „Gerechte", der unermüdliche Arbeiter, der getreue Hüter des ihm anvertrauten doppelten Schatzes, sie stets behüten, schützen und erleuchten!

Möge die Jungfrau Maria, wie sie Mutter der Kirche ist, so auch die Mutter der „Hauskirche" sein! Möge dank ihrer mütterlichen Hilfe jede christliche Familie wahrhaft eine „Kirche im Kleinen" werden, in der sich das Geheimnis der Kirche widerspiegelt und gelebt wird! Sie, die Magd des Herrn, sei das Beispiel für eine demütige und hochherzige Annahme von Gottes Willen; sie, die Schmerzhafte Mutter zu Füßen des Kreuzes, lindere die Schmerzen aller, die an den Schwierigkeiten ihrer Familien leiden, und trockne ihre Tränen.

Und Christus, der Herr, der König des Alls, der König der Familien, sei wie in Kana in jedem christlichen Heim zugegen als Quelle von Licht, Freude, froher Zuversicht und Kraft. Am Fest seines Königtums bitte ich ihn, daß jede Familie hochgemut das Ihre beitrage zur Ankunft seines Reiches in dieser Welt, „des Reiches der Wahrheit und des Lebens, der Heiligkeit und der Gnade, der Gerechtigkeit, der Liebe und des Friedens"[183]. Dieses Reich ist das Ziel der Geschichte.

Ihm, Maria und Josef überantworte ich jede Familie. In ihre Hände lege ich dieses Schreiben, ihren Herzen vertraue ich es an; mögen *sie* es euch überge-

183 Präfation der Messe zum Christkönigsfest.

ben, ehrwürdige Brüder, liebe Söhne und Töchter; mögen sie eure Herzen öffnen für das Licht, das vom Evangelium her in jede Familie leuchtet!

Indem ich euch meines ständigen Gebetes versichere, erteile ich allen und jedem einzelnen von Herzen den Apostolischen Segen im Namen des Vaters und des Sohnes und des Heiligen Geistes.

Gegeben zu Rom bei Sankt Peter, am Christkönigsfest, dem 22. November 1981, im vierten Jahr meines Pontifikates.

Joannes Paulus PP. II

Kommentar

Von Franz Böckle

Einleitung

Das päpstliche Schreiben „Familiaris consortio“ versteht sich selbst als „Adhortatio apostolica“, als „Apostolische Ermahnung zu den Aufgaben der christlichen Familie in der Welt von heute“. Es folgt damit einem Brauch, der von Paul VI. mit dem Apostolischen Schreiben „Evangelii nuntiandi“ (1975) im Anschluß an die Bischofssynode von 1974 eingeführt wurde und den Johannes Paul II. bereits mit „Catechesi tradendae“ (1979) zum Thema der Synode 77 aufgenommen hatte. Schon damals aber bemerkten die Kommentatoren den ausgeprägt persönlichen Stil, den der neue Papst seinem Schreiben gab. So trägt auch „Familiaris consortio“ den Charakter einer Mahnung. Es handelt sich nicht um eine bloß theoretische Darlegung der Glaubens- und Sittenlehre. Das Schreiben ist vielmehr geprägt vom persönlichen Glaubenszeugnis des Papstes. Der Leser wird in seiner Situation angesprochen: als Liebender, der selbst das Glück der Liebe erfährt; als Vater und Mutter, die von der Schwierigkeit der Glaubensvermittlung an ihre Kinder bedrängt sind; als Mensch, der von „geheimen Verführern“ getäuscht wird; als von seinem Partner Verlassener; als Seelsorger, der die Nöte der Menschen kennt und sich schwer tut, unmöglich erscheinende Forderungen zu stellen. Sie alle werden angesprochen und entsprechend in Pflicht genommen. Es wird ihnen nicht einfach etwas „vorgelegt“, sondern bezeugt. Die Leser sollen von den Entscheidungen ihres Glaubens her mitgenommen und argumentativ überzeugt werden. Dies muß bei der Interpretation der vielfältig angesprochenen Pflichten wohl bedacht werden.

Inhaltlich stützt sich der Papst weitgehend auf die Vorarbeit der *Römischen Bischofssynode*, die sich vom 26. September bis zum 25. Oktober 1980 mit der Situation und den Problemen von Ehe und Familie in allen Erdteilen befaßt hat. Wie bei den Synoden von 1974 und 1977 wurde auch diesmal das Ergebnis der Beratungen in Vorschlägen (43 Propositiones) dem Papst überreicht mit der Bitte, „geeignete Weisungen (normae) für einen erneuerten pastoralen Einsatz“ zu geben. Der Text dieser Vorschläge ist inzwischen dem Päpstlichen Rat für die Familie übergeben worden (2). Da er aber — zumindest vorläufig — nur schwer zugänglich ist, ist ein direkter Vergleich zwischen den Aussagen des Papstes und dem Synodentext nicht möglich. Einen ersten Einblick in die Ergebnisse der Synode vermittelt die Botschaft, die die Synodenväter zum Abschluß ihrer Beratungen an die christlichen Familien gerichtet haben (Herder-Korrespondenz 34 [1980] 615—617). Wichtiger noch scheint die „authentische Information“, die Kardinal Ratzinger über den Verlauf und die wichtigsten Aussagen der Synode gegeben hat (Brief an die Priester, Diakone und an alle im pastoralen Dienst Stehenden, Bischöfliches Ordinariat, München 1980). Um den Ansatz und die persönliche Argumentation des Papstes besser zu verstehen, empfiehlt sich ein Rückgriff auf seine früheren Veröffentlichungen zum Thema, insbesondere auf sein Buch „Liebe und Verantwortung“ (München 1979, Erstausgabe Lublin 1960, 2., durchgesehene und ergänzte Auflage Krakau 1962).

Mit auffallender Betonung beruft sich Johannes Paul II. in seinen Darlegungen auf das *Lehramt der Kirche*. Der Papst stützt sich nachdrücklich auf die Ausübung seines apostolischen Lehramtes und will — je nach dem Gegenstand zweifellos unterschiedlich — Weisungen (normae) geben. In einer gesellschaftlichen Situation, die für die Existenz von Ehe und Familie als bedrohlich interpretiert wird, hat die Kirche Orientierungshilfen zur sinnhaften Verwirklichung von Ehe und Familie zu leisten. Diese Orientierung „wird im Glaubenssinn vollzogen, den der Heilige Geist allen Gläubigen mitteilt“ (5). Sie ist demnach *Werk der gesamten Kirche*, nicht nur der Amtsträger, sondern auch der Laien. Damit wird ein Gedanke aus der Dogmatischen Konstitution über die Kirche (12) des Zweiten Vatikanischen Konzils aufgenommen. Der eigentliche Ort der Offenbarungs- und Heilswirklichkeit ist in der Schau des Zweiten Vatikanischen Konzils das Gottesvolk als ganzes. Das Bleiben in der Wahrheit und die Durchdringung und Gestaltung der gesamten Lebenswirklichkeit aus dem Geist des Evangeliums sind allen Gläubigen entsprechend den verschiedenen Gaben und dem Grad der jeweiligen Verantwortung anvertraut. Alle sind zur praktisch gelebten Wahrheitsfindung berufen und ermächtigt. Es geht gerade bei der sittlichen Botschaft um eine zu lebende und letztlich auch nur in einem Leben aus dem Glauben zu verifizierende Aussage. Darum darf das Zeugnis engagierter Christen nicht überhört werden. Zeugnis besagt entschieden mehr als faktisches Verhalten. Das Zeugnis wächst aus einer im Glauben fundierten und praktisch gelebten Überzeugung. Nun deckt sich die Wahrheit, die die Kirche sucht, gewiß „nicht immer mit der Meinung der Mehrheit" (5), weder mit der Mehrheit der Öffentlichkeit noch einfach mit der Mehrheit der Kirchenglieder. Ja selbst bei der Wahrheitssuche innerhalb einer Synode oder eines Konzils ist die Wahrheit nicht unbedingt von Anfang an bei der Abstimmungsmehrheit. Die unverzichtbare Aufgabe des Leitungsamtes liegt dann darin, so lange nach einer Aussage suchen zu lassen, bis ihr die überwiegende Mehrheit der Väter zustimmen kann. Man wird einen solch konziliaren oder synodalen Prozeß nicht ohne weiteres auf die Gesamtkirche übertragen. Aber wenn alle Gläubigen aktiv am Wahrheitsfindungsprozeß beteiligt sein sollen, so müßte, insbesondere bei Entscheidungen über konkrete sittliche Weisungen an Eheleute, *deren* Zeugnis in gebührender Weise gehört und auch berücksichtigt werden. Wo gegen eine bestimmte Forderung von vielen sittlich bewährten und um ein Leben aus dem Glauben bemühten Gliedern der Kirche ernsthafte Bedenken erhoben werden, sollte eine solche Forderung nicht uneingeschränkt zur Pflicht gemacht werden, bevor nicht mit hinreichender Gewißheit feststeht, daß diese sich aus dem Glauben an Gott in Jesus Christus selbst ergibt. Bis dahin muß die Aufgabe, „den Glaubenssinn in allen Gläubigen zu fördern ... und die Gläubigen zu einer immer reiferen Unterscheidung im Lichte des Evangeliums zu führen“ (5), weitergehen. Dies wird bei mündigen Christen wohl nur in einem offenen Dialog erfolgreich möglich sein. Wenn auch der Einfluß der öffentlichen Meinung auf das Gewissen der Gläubigen nicht zu unterschätzen ist, so muß man sich doch fragen, ob man jede abweichende Gewissensentscheidung einfach als Resultat falscher Beeinflussung interpretieren darf (vgl. 7). Dies scheint weitgehend eine Prämisse des päpstlichen Mahnschreibens zu sein. Die Bischofssynode hat zu ihren Beratungen auch ein paar Laien zugezogen. Die Frage ist berechtigt, ob und wieweit die Geladenen für den Dialog mit dem ganzen Gottesvolk repräsentativ waren.

Die Ausführungen des Apostolischen Schreibens gliedern sich in vier unterschiedlich lange Teile: Eine kurze Darstellung der *Lage der Familie* in der Welt von heute bildet den ersten Teil. Ihr folgt ein zweiter, ebenfalls kurzer *dogmatischer Teil* über *„Ehe und Familie im Plane Gottes“*. Das Hauptgewicht liegt auf *der moraltheologischen Darlegung der Aufgaben* der christlichen Familie im dritten sowie auf der *Familienpastoral* im vierten Teil.

Erster Teil:
Die Familie heute — Licht und Schatten (Nr. 6—10)

Die Situation der Familie in der Welt von heute kann nur dann angemessen begriffen und beurteilt werden, wenn man sie im Lichte der neuzeitlichen Freiheitsbestrebungen sieht. Hier hat auch die evangelische Unterscheidungsgabe anzusetzen und sich zu bewähren, will sie nicht Gefahr laufen, die Wirklichkeit der modernen Welt zu verfehlen und den heutigen Menschen mit all dem, was ihn bewegt, nicht mehr zu erreichen. In Auseinandersetzung mit den vielfältigen Bestrebungen des neuzeitlichen Humanismus ist der christliche Glaube gefordert, den eigentlichen Sinngehalt des modernen Freiheitsethos, nämlich die Einsicht in den unersetzlichen Wert und die unverfügbare Würde der menschlichen Person, zu bezeugen und abzusichern sowie die Verkehrungen und Grenzen dieses Ethos aufzuzeigen. Dies ist um so mehr geboten, als gerade die Familie vom „Kampf zwischen Freiheiten, die einander widerstreiten" als eines „Ineinander von Licht und Schatten" (6), elementar betroffen ist. Gerade im Verständnis von Partnerschaft und Familie manifestiert sich so dicht wie kaum sonst der Einfluß der verschiedenen Weltanschauungen und Ideologien, die heute unser gesellschaftliches Erscheinungsbild beherrschen. Die Grundwertedebatte der letzten Jahre brachte einige Aspekte davon ans Licht.

Auf diesem Hintergrund hebt der Papst zunächst das hervor, was als unverzichtbare Frucht des modernen Freiheitsethos gelten darf: nämlich die Werte wechselseitiger Verantwortlichkeit und Partnerschaft sowohl zwischen den Eheleuten selbst als auch zwischen Eltern und Kindern, aber auch das Bewußtsein der größeren Verantwortung über den Bereich der Kleinfamilie hinaus, wie sie sich in vielfältigen Formen des Engagements im kirchlichen und gesellschaftlichen Raum heute zeigt. Diese Errungenschaften jedoch sind überschattet von einer „besorgniserregenden Verkürzung fundamentaler Werte" (6). Der vielfältige Werteverfall, wie er heute zu beklagen ist, hat eine gemeinsame Wurzel, nämlich ein verkehrtes Verständnis von Freiheit „als autonome Kraft der Selbstbehauptung — für das eigene, egoistisch verstandene Wohlergehen und nicht selten gegen die Mitmenschen" (6). Es ist damit das getroffen, was Romano Guardini den „Empörungsglauben des Autonomismus" bezeichnet hat. Autonomismus oder, vielleicht noch deutlicher, Autarkismus sind gerade das Gegenteil wahrhaft verantwortlicher, vernunftgeleiteter Freiheit, wie sie etwa bei I. Kant im Begriff der sittlichen Autonomie entfaltet worden ist. Hier hat die evangelische Unterscheidungsgabe ihren unverzichtbaren Beitrag in der kritischen Klärung und konkreten Entfaltung des Sinngehalts der Freiheit zu leisten. Dies ist auch gemeint, wenn der Papst von einem echten „Familienhumanismus" (7) und „neuen Humanismus" (8) spricht. In christlicher Sicht kann ein solcher Humanismus nicht anders als in seiner Offenheit auf Gott hin begriffen werden. In diesem Licht nämlich erweist sich der Schatten, der auf die neuzeitlichen Freiheitsbestrebungen fällt, nicht lediglich als Niederschlag angeborener Instinkte, unbefriedigter Bedürfnisse oder gesellschaftlicher Strukturen. Vielmehr zeigt er sich zutiefst als ein Schatten, der seinen Grund in der Sünde hat und zu dessen Überwindung der Mensch aus eigener Leistung nicht fähig ist, sondern der „Bekehrung des Geistes und des Herzens" (9) im Glauben bedarf.

Der „neue Humanismus" als ein im christlichen Glauben erneuerter ethischer Humanismus verlangt aber nach ständigem Aufbau in der Vielfalt der Lebenswirklichkeit. Dazu bieten zweifellos „die Wissenschaft und ihre technischen Anwendungen neue ungeheure Möglichkeiten" (8). Die Erkenntnisse der Wissenschaft umfassen freilich nicht den ganzen Bereich menschlichen Erfahrungswissens, sie bedürfen, sollen sie nicht mißbräuchlich angewendet werden, der Einbettung in das umfassende Erfahrungsfeld menschlicher Weisheit (vgl. 8). Es müßte jedoch hierbei im päpstlichen Schreiben deutlicher zum Ausdruck kommen, daß überall dort, wo der empirische Erkenntnismodus etwa im Sinne eines Szientismus absolut gesetzt wird, auch der Wissenschaftsbegriff entscheidend verkürzt ist. Aber auch die Weisheit als gelebte Erfahrung und praktisches Lebenswissen wäre von eingeschränkter Bedeutung, wollte man sie auf die Erfahrung nur einer Kultur und nur einer Tradition reduzieren. Gerade die Universalität des Christentums sprengt die Schranken kultureller Lebenskreise auf. Die christliche Botschaft ist darauf angelegt, sich universal „inkulturieren" zu können, in allen Kulturen Geist von ihrem Geist zu entdecken und dadurch zu einem vollkommeneren und tieferen Verständnis ihrer Wahrheit zu führen (vgl. 10).

Nun ist gerade das Bild von Ehe und Familie durch eine Fülle unterschiedlichster Formen geprägt, die kulturgeschichtlich gewachsen sind und unter wechselnden Verhältnissen sich vielfältig gewandelt haben, beispielsweise von der Großfamilie zur modernen Kleinfamilie, von der Polygamie zur Monogamie oder vom patriarchalischen zum partnerschaftlichen Verständnis von Ehe und Familie hin. Gerade diese Vielfalt macht es zu einem besonderen Problem, die christliche Botschaft von Ehe und Familie zu „inkulturieren". In dieser Hinsicht waren an die Römische Bischofssynode hohe Erwartungen gestellt worden, sich dieser Aufgabe anzunehmen. Das päpstliche Schreiben jedoch beläßt es bei der bloßen Aufgabenstellung, ohne die näheren Schritte einer möglichen „Inkulturation" zu entfalten.

Zweiter Teil:
Ehe und Familie im Plane Gottes (Nr. 11–16)

Dieser Teil will kurz gedrängt ein paar wichtige Glaubensaussagen zum christlichen Verständnis von Ehe und Familie vermitteln. Die Ausführungen beginnen aber nicht gleich mit der Ehe, sondern mit einem für das Denken von Papst Johannes Paul II. so typischen Hinweis auf den Menschen (11). In den wenigen markanten Sätzen dieses Abschnittes liegt der Schlüssel zum Verständnis von vielen weiteren Gedanken. Der Mensch ist nach dem Bild und Gleichnis des liebenden Gottes geschaffen, darum ist er selbst der Liebe fähig, ja die „Liebe ist demnach die grundlegende und naturgemäße Berufung jedes Menschen" (11). Diese Berufung gilt *dem ganzen Menschen* als Person, als „Geist im Fleisch". *Sexualität* ist „keineswegs etwas rein Biologisches, sondern betrifft den innersten Kern der menschlichen Person als solcher". Dieses personal ganzheitliche Verständnis von menschlicher Sexualität und Liebesfähigkeit ist der alles prägende Ansatzpunkt für die von Papst Wojtyła vertretene Sexualmoral. Die Liebe verlangt den ganzen Menschen und wendet sich auch dem ganzen Menschen zu. Liebe meint immer die Zuwendung einer Person zur anderen um der Person willen. Libidinöse Objektbesetzung ist noch keine Liebe. Wohl mag der Mensch sich freuen, daß er nicht nur interesseloses Wohlgefallen erregt, sondern auch begehrt wird. Aber Liebe ist mehr; sie überschreitet das Begehren und sieht den anderen nicht als ein Objekt oder Instrument des eigenen Ich. Personale Liebe ist kein Gebrauch, kein „uti", sondern ein gemeinsames Erleben, ein „frui". Sexualität wird nur auf „wahrhaft menschliche Weise vollzogen", wenn sie in solche Liebe integriert ist. „Die leibliche Ganzhingabe wäre eine Lüge, wenn sie nicht Zeichen und Frucht personaler Ganzhingabe wäre, welche die ganze Person, auch in ihrer zeitlichen Dimension, miteinschließt" (11). Solche Ganzhingabe verlangt in ihrer vollen Wahrheit den Raum der Ehe.

Gegenüber dem traditionellen Ansatz kirchlicher Dokumente, der meist von einer abstrakten Aktanalyse ausging, wird hier eine entscheidende Wende vollzogen. Johannes Paul II. moralisiert nicht, er stellt nicht gleich Verbote auf, sondern zeigt die Konsequenzen einer von vorbehaltloser Liebe getragenen Sexualität auf. Als Christen sehen wir die letzte Wurzel menschlicher Liebesfähigkeit in der uns zugewandten Liebe Gottes, im Wissen, daß wir in seine Hand geschrieben sind. Viel Unsicherheit und Fehlverhalten im Bereich geschlechtlicher Beziehungen sind in der Wurzel betrachtet nicht so sehr ein moralisches Problem, sondern ein Problem des Glaubens und Vertrauens. Weil es den meisten von uns schwerfällt — nicht theoretisch, sondern existentiell —, vorbehaltlos an Gottes Liebe zu uns selbst und zu jedem Menschen zu glauben, darum sind auch unsere Beziehungen untereinander von soviel Vorbehalten belastet. Das mag in manchen Sachbezügen des Alltags klug und notwendig sein. Im Bereich der geschlechtlichen Hingabe belastet jeder Vorbehalt den Ausdruck der Liebe. Das ist nun gewiß nicht etwa bloß ein Problem der „vorehelichen Beziehungen“. Dieses Kriterium begleitet alle: die in der Ehe Lebenden genauso wie diejenigen, die sich darauf vorbereiten oder noch unentschlossen sind. Es gilt in entsprechender Weise auch für jene, die freiwillig auf die Ehe verzichten. Weil wir durch dieses Kriterium der Liebe gewissermaßen alle betroffen sind, besteht die Gefahr, daß wir uns mit dem Hinweis auf ein allgemeines Ungenügen der Anklage entziehen und uns auf die Grenzlinien moralisch genau beschreibbarer Delikte zurückziehen. Damit aber würden wir uns der uns allen ein Leben lang aufgetragenen Entwicklung und Reifung in der Liebe verschließen, und wir würden überdies die weitherum verlorene Überzeugungskraft für berechtigte normative Aussagen nicht zurückgewinnen. Diese können nur überzeugen, soweit sie klar als Anspruch der Liebe erscheinen.

Diese Begründung menschlicher Liebesfähigkeit im Bewußtsein eigenen Angenommenseins prägt auch das im weiteren entwickelte Verständnis der Ehe. Ganz auf sich gestellt, müßte der Mensch im Bewußtsein eigener Begrenztheit zurückschrecken vor einem vorbehaltlosen Ja zu einem andern ebenfalls bedingten Menschen. Es ist nicht leicht, als bedingter Mensch einen anderen bedingten Menschen bedingungslos anzunehmen. Diese Grenze läßt sich nur in einem Akt unbedingten Vertrauens überschreiten. Ein solcher Akt der Selbstbindung in Freiheit ist vor allem dem möglich, der in der Tiefe seiner Person hoffen kann, daß er selbst wie auch der andere nicht im Tode dem Nichts anheimfallen. Darum lebt solche Liebe immer — selbst wenn sie es nicht weiß — aus der Hoffnung auf Gott. So reicht die Ehe, als entscheidende Verfügung der ganzen Person auf eine andere hin, schon in ihrer anthropologischen Wurzel in die Dimension der Freiheitsverfügung vor Gott hinein. Sie besitzt sozusagen von Haus aus einen immanent religiösen Charakter. Diese „Urwahrheit über die Ehe, die Wahrheit des ‚Anfangs‘ “ wird im Neuen Bund zur neuen Möglichkeit im Glauben. „Der Geist, den der Herr ausgießt, macht das Herz neu und befähigt Mann und Frau, einander zu lieben, wie Christus uns geliebt hat. Die eheliche Liebe erreicht dadurch jene Fülle, auf die sie von innen her ausgerichtet ist" (13). Und wie die Ehe schon im Alten Bund Symbol war für den Bund Gottes mit seinem Volk, so wird sie nun „zum Symbol des neuen und ewigen Bundes, der im Blut Christi geschlossen wurde" (13). Im Annehmen und Bedenken dieser im Wort Gottes begründeten Wirklichkeit zählt die Kirche die Ehe zu den Sakramenten des Neuen Bundes. Was die Kirche mit Sakrament meint, ist nicht eine zur Ehe hinzutretende Wirklichkeit. Für die durch die Taufe mit dem Herrn und seiner Kirche verbundenen Gläubigen wird die eheliche Gemeinschaft selbst zu einer sakramentalen Wirklichkeit. Wo zwei Liebende, die durch die Taufe Glieder Christi sind, im Glauben an ihre Berufung einander für dauernd diese Liebe zusprechen, da ist solcher Liebe jenes Heil verheißen, das sie sich als Christen erhoffen. Ihr Lebensbund ist hineingenommen in den großen Bund Gottes mit den Menschen, den er in Jesus Christus für alle erneuert hat.

Vergleicht man die in diesem Teil des päpstlichen Schreibens entwickelten Gedanken mit dem Beschluß „Christlich gelebte Ehe und Familie" der Würzburger Synode, der Gemeinsamen Synode der Bistümer in der Bundesrepublik Deutschland, so kann man sowohl im Verständnis der Sexualität wie in den Darlegungen zur Ehe als Sakrament große Ähnlichkeit entdecken. So hat auch die Synode die geschlechtlichen Beziehungen von einer personal integrierten Sexualität aus zu beurteilen versucht. Im Verständnis der Ehe treffen sich die Dokumente bis in einzelne Formulierungen hinein. Dies gilt bis hin zur Feststellung, daß die Ehe als Institution nicht eine von außen auferlegte Form sei, „sondern eine dem ehelichen Liebesbund innewohnende Notwendigkeit" (11). „Daraus wird — so formulierte die Würzburger Synode — sichtbar, daß die institutionelle und rechtliche Dimension der Ehe nicht im Widerspruch zur personalen Haltung von Liebe und Treue steht, sondern erst der gegenseitige Bezug beider Bereiche der Ehe den vollen Lebensraum zu öffnen vermag" (1.2.3.1).

Dritter Teil: Die Aufgaben der Familie

I. Die Bildung einer Gemeinschaft von Personen (Nr. 18–27)

Der vorangegangene dogmatische Teil über das, was die Familie in ihrer Identität ausmacht, bildet das anthropologische Fundament, von dem aus die eigentlichen handlungsethischen Konsequenzen nun in den verschiedenen Sinndimensionen der Familie zu entfalten sind. Erst von dieser Grundlage aus lassen sich diejenigen Einsichten, die für das Leben in der Familie und für die Familie als ganze sich als notwendig erweisen, in ihrer sittlichen Relevanz näher bestimmen und die entsprechenden Handlungsurteile begründen.

Der erste Aufgabenbereich: die Bildung einer Gemeinschaft von Personen stellt die unmittelbarste Form der applicatio fidei dar, indem sie die Liebe in ihrer Bedeutung als personalistischer Grundnorm entfaltet. Die nicht an Bedingungen gebundene Liebe der Eheleute zueinander und zu ihren Kindern konstituiert die Familie als Gemeinschaft von Personen. „Wie ohne die Liebe keine Gemeinschaft von Personen ist, *so kann ohne die Liebe die Familie nicht als Gemeinschaft von Personen leben, wachsen und sich vervollkommnen*" (18). In bezug auf die Partner selbst charakterisieren von daher Ausschließlichkeit qua Einheit und Dauerhaftigkeit qua Unauflöslichkeit die eheliche Beziehung, und zwar nicht als ein bloß auferlegtes Gesetz, sondern in Entsprechung zur inneren Dynamik der menschlichen Liebe, die die Bindung an den anderen auf immer erhofft (19 u. 20). Deshalb ist die Ehe Sakrament, Realsymbol der in Christus offenbaren unverbrüchlichen Liebe Gottes zu den

Menschen. Damit werden nochmals wesentliche, im dogmatischen Teil gemachte Aussagen aufgegriffen und vertieft reflektiert.

Der befreiende Impuls, der von der personalistischen Grundnorm ausgeht, wird jedoch vor allem da deutlich, wo er auf Lebensbereiche angewandt wird, die als besondere Konflikt- und Problemfelder der heutigen Gesellschaft gelten: Erziehung, die Rolle der Frau und die Situation der älteren Generation.

Ihrer Verantwortung zum Aufbau einer personalen Gemeinschaft als einer „‚Schule reich entfalteter Humanität' " (21) müssen alle Mitglieder der Familie im täglichen gegenseitigen Dienst entsprechen. Dies gilt besonders für den erzieherischen Austausch zwischen Eltern und Kindern. Die erzieherische Autorität der Eltern ist im Widerstreit pädagogischer Zielsetzungen und Theorien so sehr in die Diskussion geraten, daß Eltern heute nicht selten verunsichert sind über ihre Rolle, die sie bei der Erziehung ihrer Kinder ausüben sollen. Das päpstliche Schreiben macht jedoch deutlich, daß erzieherische Autorität dort unverzichtbar ist, wo sie als Dienst an der Freiheit verstanden wird, das heißt als Erziehung der Kinder zur Mündigkeit, „daß diese eine wahrhaft verantwortliche Freiheit gewinnen" (21).

Die *besondere Aufmerksamkeit* des Papstes gilt indes der *Rolle der Frau in Familie und Gesellschaft* (22—25). Ausdrücklich begrüßt wird das wachsende Bemühen vieler Frauen um die Wahrung ihrer Würde (24) wie auch deren Anstrengungen um einen gleichberechtigten Platz im Arbeitsprozeß und im öffentlichen Leben (23). Dies verlangt jedoch auch eine positive gesellschaftliche Wertung der häuslichen Arbeit der Frau, die das Maß ihrer Würde nicht in der Imitation des Mannes finden darf.

Zu Recht verweist der Papst darauf, daß diese Aufgabe eine Besinnung auf das Verständnis von Arbeit überhaupt, ja eine „erneuerte ‚Theologie der Arbeit' " (23) notwendig macht. Mit „Laborem exercens" ist Johannes Paul II. bereits in diese Richtung gegangen. In der Tat ist ja unsere industriell-städtische Gesellschaft vom Leistungsprinzip weitgehend beherrscht. Der Mensch ist das, was er leistet oder was er sich auf Grund seiner Leistung leisten kann. Die Möglichkeit, in der Arbeit eine adäquate Leistung zu erbringen, beherrscht daher für viele Zeitgenossen den Sinn ihres Lebens. In der modernen Sachherrschaftsgesellschaft erhält die Arbeit die Tendenz, zum absolut bestimmenden Zweck zu werden, der alle Lebensbereiche beherrscht. Dies gilt nicht nur für die marxistische Sozialphilosophie, wie sie das Arbeitsverständnis in den sozialistischen Staaten prägt, sondern trifft auch wesentliche Züge der westlichen Gesellschaften. Sollte der Mensch tatsächlich in seinen Werken aufgehen und nur in der Arbeit im Sinne moderner Sachherrschaft seinen Lebenssinn finden können, müßte er wahrhaft einen schweren Sinnverlust erleiden, wenn er arbeitslos wird oder zugunsten familiärer Aufgaben sich aus dem Erwerbsleben zurückziehen muß. Eine Theologie der Arbeit wird hier zum einen sicherlich herauszustellen haben, daß Arbeit zwar nicht das Ganze des Lebens, jedoch durchaus einen unabdingbaren Teil darstellt, zum anderen und in erster Linie aber einen Arbeitsbegriff kritisieren müssen, der primär am ökonomischen Erfolg und am Grad technischen Verfügungswissens orientiert ist. Nur so wird es möglich sein, die Arbeit, welche die Frau in der Familie leistet, angemessen zu begreifen und in einen Arbeitsbegriff zu integrieren, der sein Maß in der sittlich-institutionellen Freiheit selbst hat.

Es darf jedoch nicht vergessen werden, daß das Eintreten des Papstes für die gleiche Würde und Verantwortlichkeit der Frau im Sinne ihrer rechtlichen Gleichstellung in Familie und Gesellschaft durchaus nicht der gesamten bisherigen Verkündigung des allgemeinen Lehramtes der Kirche zur Rolle der Frau entspricht. Man kann sagen, daß manches von dem, was etwa in Hirtenschreiben noch der fünfziger Jahre zur Stellung der Frau und zur Autorität des Vaters in der Familie gesagt worden ist, nicht dazu angetan war, aus einseitigen Abhängigkeitsverhältnissen zu befreien, sondern das überkommene Leitbild der sogenannten Haushaltsehe biblisch-theologisch sanktioniert hat. Das Wort der deutschen Bischöfe zu Fragen der Stellung der Frau in Kirche und Gesellschaft (1981) und dieses Schreiben des Papstes bedeuten einen Durchbruch, der bereits im Zweiten Vatikanischen Konzil vorgezeichnet ist.

Von den Veränderungen der Familienstruktur in der Industriegesellschaft infolge der Entstehung der Kleinfamilie und der diesen Prozeß begleitenden städtebaulichen Veränderungen sind in besonderem Maße die alten Menschen betroffen, die vielerorts an den Rand der Gesellschaft gerückt sind. Dies ist nicht nur für sie selbst eine Quelle des Leidens, sondern auch Grund der geistigen Verarmung vieler Familien. Als wichtige Aufgabe der Pastoral gilt daher die Reintegration der alten Mitbürger in die Gesellschaft und in die Familie (vgl. 27).

II. Der Dienst am Leben

1. Die Weitergabe des Lebens (Nr. 28–35)

Die Kommentierung dieses Abschnittes ist nicht leicht. Die Schwierigkeit liegt nicht so sehr in der Tatsache, daß mit der Frage der Antikonzeption eines der am meisten umstrittenen Themen zur Sprache kommt; sie liegt in der Komplexität der angesprochenen Fragen und in der Art der Argumentation. Das meiste von dem, was der Papst sagt, ist unbestritten. Der Konsens ist größer als der Dissens.

Unbestritten ist zunächst „die grundlegende Aufgabe der Familie, *dem Leben zu dienen*“, wie die Feststellung, daß die leibliche und/oder geistige Fruchtbarkeit „Ausfluß und Zeichen der ehelichen Liebe“ sei (28).

Unbestritten ist wohl auch die klare *Verurteilung aller „Aktivitäten* von Regierungen oder anderen öffentlichen Autoritäten, die in irgendeiner Weise *die Freiheit* der Ehegatten, über Nachkommenschaft zu entscheiden, zu *beschränken* versuchen“ (30). Solche Maßnahmen verletzen die Würde und die elementaren Rechte des Menschen. Genauso wie die Kirche die Sterilisationsgesetze des Hitler-Regimes verurteilt hat, muß sie heute alle Zwangsverordnungen, die die Freiheit im generativen Verhalten beeinträchtigen, verurteilen. Hier übernimmt der Papst eine dringende Sorge, die von den Bischöfen der Dritten Welt bei der Römischen Bischofssynode mit großem Nachdruck vorgetragen wurde. In dieser Beziehung müssen auch die Programme der Entwicklungshilfe neu durchdacht werden. Damit ist nichts gesagt gegen eine aktive Bevölkerungspolitik, die die Eltern in ihrer Verantwortung anspricht. Über die Tatsache, daß es auch eine sittliche Pflicht zur Begrenzung der Fruchtbarkeit gibt, besteht weder in den kirchlichen Dokumenten noch in der theologischen Lehre ein Zweifel. Das Zweite Vatikanische Konzil hat die Gatten auf ihre diesbezügliche „menschliche und christliche Verantwortlichkeit" hin angesprochen. Sie müssen — so heißt es in der Pastoralkonstitution „Gaudium et spes" (50) — „auf ihr eigenes Wohl wie auf das ihrer Kinder — der schon geborenen oder zu erwartenden — achten; sie müssen die materiellen und geistigen Verhältnisse der Zeit und ihres Lebens zu erkennen suchen und schließlich auch das Wohl der Gesamtfamilie, der weltlichen Gesellschaft und der Kirche berücksichtigen". Im Bereich der kirchlichen Entwicklungshilfe, z.B. in Indien, auf den Philippinen oder in Lateinamerika, laufen auch entsprechende Programme der Aufklärung und der konkreten Anleitung in den von der Kirche anerkannten Methoden. Nach dem Zeugnis des ärztlichen Dienstes von „Misereor", Aachen, sind die Erfolge in den letzten Jahren erstaunlich. Man wünschte sich, daß diese positiven Bemühungen im päpstlichen Schreiben nicht nur durch einen apologetischen Hinweis erwähnt würden. Es heißt, die Kirche kenne „durchaus das schwere Problem der Bevölkerungszunahme, wie es sich in verschiedenen Teilen der Welt stellt"; eine vertiefte Sicht bestätige aber „die Wichtigkeit der authentischen Lehre über die Geburtenregelung" (31). Damit wird gesagt, die „natürlichen" Methoden haben den Vorteil, daß sie staatlich nicht manipulierbar sind. Das ist zweifellos ein Aspekt, der Beachtung verdient. Die Überbevölkerung, insbesondere in den unterentwickelten Gebieten der Erde, ist jedoch ein überaus vielschichtiges und durch unterschiedliche Faktoren bedingtes Problem, das nur in entsprechend vielfältiger Weise angegangen werden kann. Überbevölkerung besagt immer ein *gestörtes Gleichgewicht* zwischen einer bestimmten Zahl von Menschen in einem bestimmten Gebiet und den in diesem Raum verfügbaren Subsistenzmitteln. Die Bevölkerungsdichte allein ist also nicht ausschlaggebend.

Im Süden Spaniens und Portugals herrscht beispielsweise Arbeitslosigkeit durch Überbevölkerung, obwohl die Bevölkerungsdichte dort nur ein Fünftel der Dichte Belgiens beträgt, das bis in die neueste Zeit keine derartigen Probleme kannte. Das Problem der Überbevölkerung läßt sich nicht durch isolierte Einzelmaßnahmen beheben, sondern nur durch Eingriffe und Veränderungen in der Gesamtheit der sozialökonomischen Faktoren. In der Dritten Welt waren es nicht zuletzt die Errungenschaften der medizinischen und gesundheitlichen Fürsorge, die zum Abbau der Säuglingssterblichkeit und zur Steigerung der mittleren Lebenserwartung und damit zum Bevölkerungsüberdruck geführt haben. Es genügt nun nicht als Lösung einfach das westliche Modell der Geburtenrationierung auf diese Länder zu übertragen, ohne alle anderen sozialökonomischen und kulturellen Faktoren zu berücksichtigen. Umgekehrt genügt die bloß ökonomische Entwicklungshilfe ebenso wenig. Eine der Freiheit der Person und der kulturellen Eigenart der Völker entsprechende Familienplanung gehört mit zum Programm.

Etwas weniger einmütig ist die Zustimmung zur *Darstellung der gesellschaftlichen und kulturellen Situation*. Der Vorbehalt gilt nicht dem, was in Nr. 30 ausgeführt wird. Die Angst vor der Zukunft, Lebensflucht und in bestimmten Fragen auch eine lebensfeindliche Einstellung (antilife mentality) sind leicht zu diagnostizieren. Gleichwohl sind sie im Blick auf das Problem notwendiger Familienplanung doch nur ein Teilaspekt. Die entscheidende Veränderung, die zur Notwendigkeit der Geburtenbeschränkung in unserer Gesellschaft führte, ist durch die Erfolge der Medizin bewirkt worden. Während nach einer Berechnung aus Kirchenbüchern die Säuglingssterblichkeit um 1860 in Deutschland bis zu 60% der Geburten betrug, liegt sie heute unter 4%. Außerdem ist es gelungen, Primärsterilitäten immer mehr zu überwinden und Sekundärsterilitäten nahezu auszuschalten, so daß die größte Anzahl der Frauen praktisch vom Beginn der Ehe an 25 bis 30 Jahre fruchtbar und damit gebärfähig bleibt. In dieser Situation hat — wie die Würzburger Synode sagt — die Familienplanung „existentielle Bedeutung für den ehelichen Alltag und die Lebensfähigkeit der Familie ... Familienplanung, die aus einer tiefen Liebe zum Partner erfolgt und vom Wissen geprägt ist, daß das Kind Frucht und Vollendung der Liebe sein will, ist die in Verantwortung gestellte Frage nach dem Ja zu einem weiteren Kind" (Ehe und Familie 2.2.2.1). Dies muß gesagt werden, damit nicht der Eindruck entsteht, eine verantwortliche Regulierung werde von der Kirche eben gerade noch toleriert; bei einer positiveren Lebenseinstellung und mit etwas mehr Opferbereitschaft ginge es auch ohne. Bei gesunder Fertilität und einem harmonischen Eheleben kommt praktisch keine Familie an einer Regelung vorbei.

Schließlich werden auch die *Theologen gerne dem Anruf des Papstes folgen*, „dem kirchlichen Lehramt mit gemeinsamer Kraft zur Seite zu stehen und dahin zu wirken, daß die biblischen Grundlagen, die ethische Motivation und die personalistische Begründung" der Aussagen des Zweiten Vatikanischen Konzils und der Enzyklika „Humanae vitae" immer deutlicher werden (31). Hier allerdings dürfen auch die vorhandenen Probleme nicht übersehen werden. So sind bei genauerer Betrachtung die Aussagen des Konzils durchaus nicht in allen Punkten identisch mit denen von „Humanae vitae". Wenn nun in „Familiaris consortio"

(29) einfachhin mit der Propositio 22 der Bischofssynode gesagt wird, die Synode habe festgehalten „an dem, was im Zweiten Vatikanischen Konzil (vgl. ‚Gaudium et spes', 50) und dann in der Enzyklika ‚Humanae vitae' dargelegt wird, daß nämlich die eheliche Liebe voll menschlich, ausschließlich und offen für das neue Leben sein muß", dann muß der Theologe, der in wissenschaftlicher Verantwortung dem Lehramt dienen will, Rückfragen stellen. In der diesem Zitat der Propositio beigefügten Fußnote 83 wird nämlich gerade jener Schlußsatz aus Nr. 11 von „Humanae vitae" zitiert, der zu den am meisten diskutierten zählt und den die Väter des Konzils in ihrer Mehrheit nicht so festlegen wollten. Zudem steht dieser Satz, der dem Denken traditioneller Aktmoral nahesteht, in spürbarem Gegensatz zu der dem Personalismus verpflichteten Argumentation, wie der Papst sie in Nr. 32 seines Schreibens entwickelt. Diese beiden Fragen (das Verhältnis von „Gaudium et spes" zu „Humanae vitae" und die Spannung zwischen den Argumentationsweisen) müssen daher näher geklärt werden.

Der besagte Satz der Enzyklika „Humanae vitae" (11) lautet: „Indem die Kirche die Menschen zur Beobachtung des von ihr in beständiger Lehre ausgelegten natürlichen Sittengesetzes anhält, lehrt sie, daß jeder eheliche Akt von sich aus auf die Erzeugung menschlichen Lebens hingeordnet bleiben muß" („ut quilibet matrimonii usus ad vitam humanam procreandam per se destinatus permaneat").

Was kann und soll dieser Satz sinnvollerweise denn besagen? Man wird es wohl als eine Urerfahrung des Menschen bezeichnen können, daß die geschlechtliche Begegnung „etwas" mit der Zeugung der Nachkommenschaft zu tun hat. In welcher Weise aber der Sinn des geschlechtlichen Tuns beim Menschen durch die Procreatio determiniert sei, wird in den kirchlichen Dokumenten unterschiedlich beurteilt[1].

[1] Vor der Entdeckung der Eizelle (erst 1827 durch K. E. von Baer), wurde der beischlaffähige Mann per se als zeugungsfähig betrachtet, weil er —

Das Zweite Vatikanische Konzil hat die Ausrichtung auf Zeugung nicht von jedem ehelichen Akt, sondern von der Ehe und der ehelichen Liebe in ihrer Gesamtheit ausgesagt („Gaudium et spes", 50). B. Häring, der bei der Ausarbeitung des Textes mitgearbeitet hat, bemerkt dazu in seinem Kommentar (LThK Ergänzungsband III, 43f.): „Gegenüber

der Vorstellung nach — bei jedem Coitus seinen Samen in den mütterlichen Schoß ergoß. Dies gilt schon für Hippolyt, Chrysostomus und Hieronymus, die die Antikonzeption als „Mord", „schlimmer als Mord" und als „Verwandtenmord" verurteilen. Aufgrund der geltenden Theorien der klassischen Biologie war man nicht in der Lage, zwischen Antikonzeption und Abtreibung einen sittlich relevanten Unterschied zu sehen.

Ein „Nicht-in-den-Mutterschoß-Gelangenlassen" des männlichen Samens mußte sinngemäß als das erscheinen, was wir nach unseren heutigen Kenntnissen als Nidationshemmung kennzeichnen und verurteilen müssen. „Konzeptions"-Verhinderung stand damit an der Seite der Abtreibung. In abstrakter Betrachtungsweise war jeder Beischlaf mit Ejakulation per se procreativ; wo faktisch keine Schwangerschaft eintrat, da lagen eben akzidentelle Gründe, insbesondere auf seiten der Frau vor.

In den Handbüchern unseres Jahrhunderts wird „die Keimzellenvermittlung als finis dessen, was im Aktvollzug getan wird" (J. Kraus, Freib. Zschr. Phil. u. Theol. 12 [1965] 112), angesehen. Der CIC bestimmt den actus nicht mehr als per se procreativus, sondern als „per se aptus ad prolis generationem" (c 1082 § 2); und das bedeutet „Teil-sein-können einer Zeugung, weder mehr noch weniger" (A. Günthör, Seminarium XVII [1965] 358). Trotzdem hält man aber — wie eine Durchsicht durch die moraltheologischen Handbücher leicht ergibt — daran fest, daß er von der Natur aus allein um der generatio prolis willen instituiert sei (quem natura instituit in actu venereo ad generationem, ad quam solam est a natura ordinatus, Merkelbach II, 942). Während man also noch um 1930 in den meisten Handbüchern die procreatio als den unicus finis objectivus des Geschlechtsaktes bezeichnet und die übrigen Werte in den Bereich der Motivation (fines subjectivi) verweist, warnt Pius XII. bereits in einer Ansprache an die Rota Romana vom 3. Oktober 1941 davor, den Geschlechtsakt unter Hinordnung auf die Zeugung allein zu sehen; auch die anderen Werte müßten als echte fines operis verstanden werden. Freilich beharrt der Papst ausdrücklich auf der Unterordnung der personalen Werte unter den Zeugungssinn.

den vielfältigen Vorschlägen der Minorität, die in Artikel 49 die Hinordnung jedes ehelichen Aktes auf Zeugung in der einen oder anderen Form lehren wollte, antwortete die Kommission: ‚Non enim omnes actus ad generationem tendunt' (Resp. 56d). Gegenüber einem Korrekturvorschlag, der verlangte, ‚es solle klar gesagt werden, daß die eheliche Liebe unabhängig vom Zeugungswillen den ehelichen Akt nicht rechtfertige', antwortete die Kommission: ‚Diese Behauptung läßt sich nicht mit der angenommenen Lehre vereinbaren' (Resp. 67d). Dagegen lehrt das Konzil lapidar im Einleitungssatz von Artikel 50, daß der Ehe und ehelichen Liebe, *in ihrer Ganzheit gesehen*, eine wesentliche Hinordnung zum Schöpfungswerk zukommt. Dieses Abrücken von einer zu engen und zudem unzutreffenden Aktanalyse zu einer Schau der Gesamtberufung ist folgenschwer. Es ist für das Verständnis verantworteter Elternschaft grundlegend."

Obwohl auch die von Papst Paul VI. berufene Kommission von Fachtheologen sich in ihrer großen Mehrheit dieser Auffassung anschloß, nahm der Papst selbst in der Enzyklika mit Berufung auf Pius XI. und Pius XII. den Satz wieder auf, daß jeder eheliche Akt von sich aus auf die Erzeugung hingeordnet sein müsse. Johannes Paul II. setzt den Satz in eine Fußnote und *deutet ihn im Text mit dem Hinweis auf die Konzilsaussage*, daß „die eheliche Liebe" (also nicht „jeder Gebrauch") . . . „offen für das neue Leben sein müsse". Man sollte diese Entwicklung wohl beachten. Eine grundsätzliche oder wesensmäßige (per se) Ausrichtung jeder ehelichen Hingabe auf Zeugung wäre angesichts unserer heutigen Einsicht in die mehrfache Sinnbestimmung menschlicher Sexualität kaum verständlich. Was sollte man denn vom Eheleben der über Fünfzigjährigen denken? Spätestens im Blick auf diese Phase muß jedem deutlich werden, daß eben eine Unterscheidung von „per se" und „per accidens" nicht weiterhilft. Die Väter des Konzils haben dies richtig erkannt. Wer übrigens „Humanae vitae" genau liest, wird entdecken, daß bereits dort die aus „Casti connubii" übernommene These von der Bestimmung jedes einzelnen Aktes nicht unbedeutend modifiziert wird. Es wird nämlich ausdrücklich erklärt, der Akt trage nur innerhalb ganz bestimmter biologischer Gesetzmäßigkeiten zur Weckung neuen Lebens bei. Und diese Gesetzmäßigkeiten schaffen gleichsam selbst Ordnung im Naturhaushalt, indem sie „von selbst Abstände in der Aufeinanderfolge der Geburten schaffen" (11). In seinen biologischen Gesetzen gesehen ist also der Akt in concreto sowohl auf „Zeugung" wie auf „Nicht-Zeugung" ausgerichtet. Diese Gesetze sind vom Schöpfer selbst gegeben; wer die eheliche Begegnung im Rahmen dieser Gesetze, sei es zur Zeugung, sei es in concreto auch nicht zur Zeugung, vollzieht, handelt in Übereinstimmung mit dem Schöpfungsplan Gottes. „Wer das Geschenk ehelicher Liebe genießt und sich dabei an die Zeugungsgesetze hält, der verhält sich nicht, als wäre er Herr über die Quellen des Lebens, sondern er stellt sich vielmehr in den Dienst des auf den Schöpfer zurückgehenden Planes" (13). Wer sich beim Geschlechtsakt an die Zeugungsgesetze hält . . ., der entspricht dem göttlichen Plan. Die biologischen Gesetze erscheinen hier als maßgebend für ein geschlechtliches Leben nach dem Willen Gottes.

Nun sollen aber diese biologischen Gesetze nicht isoliert in sich selbst gesehen und als ethische Normen genommen werden. Paul VI. betont mit Nachdruck, „diese biologischen Gesetze in den Fortpflanzungskräften . . . gehören zur menschlichen Person". Nur im ganzen der Person (in der Natur des Mannes und der Frau) werden sie für die Struktur (intima ratio) des Geschlechtsaktes mitbestimmend.

Das sittlich Widersprüchliche liegt dementsprechend nach „Humanae vitae" nicht mehr im Widerspruch gegen den Zeugungszweck als solchen, sondern im Widerspruch gegen den durch die biologischen Gesetze umschriebenen und ihnen gemäß zu verwirklichenden Fruchtbarkeitsauftrag der Gatten. Diese Gesetze weisen den Weg sowohl zur verantwortlichen Zeugung wie zur Nicht-Zeugung, indem sie auf einen entsprechenden zyklischen Gebrauch oder Nicht-Gebrauch der Ehe verweisen. So geben die Eheleute „ein Zeugnis der rechten Liebe". Bereits „Humanae vitae" sieht demnach den sittlichen Mangel (intrinseca malitia) der künstlichen Konzeptionsverhütung letztlich im Widerspruch gegen den der menschlichen Person und ihrer Würde von Gott zugewiesenen Weg des freien Gebrauchens und Nicht-Gebrauchens. Damit ist der Versuch gemacht, den physiologischen Aspekt aus der Ebene des Biologischen, des Dinghaften, in den Bereich des anthropologisch Ganzheitlichen zu erheben, indem er funktional auf personales Verhalten hingedeutet wird.

Eingeweihte glauben, daß in diesen Aussagen von „Humanae vitae" schon deutlich der Einfluß des damaligen Kardinals Wojtyła zu spüren sei, der beratend an der Enzyklika Pauls VI. mitgearbeitet habe. Wie dem auch sei, in „Familiaris consortio" greift er jedenfalls dieses Argument auf, insbesondere um den „anthropologischen und moralischen Unterschied ... zwischen der Empfängnisverhütung und dem Rückgriff auf die Zeitwahl" deutlich zu machen (32). Dabei spielt der Begriff der Vorbehaltlosigkeit eine wichtige Rolle und dies wohl in doppelter Hinsicht. Zunächst wäre an den Vorbehalt gegenüber der Fruchtbarkeit in der aktuellen Hingabe zu denken. Hierin besteht aber hinsichtlich des *willentlichen* Vorbehalts zwischen Antikonzeption und Zeitwahl kaum ein Unterschied. Von der Intention her sind ein gezieltes Ausweichen und ein gezieltes Unterdrücken der Ovulation nicht zu unterscheiden. Der Papst sieht jedoch den Begriff des Vorbehalts in Verbindung mit der Integrität der menschlichen Person. Vorbehaltloses Sich-Schenken heißt Hingabe ohne Eingriffe in die leibliche Integrität. Und der Papst lehrt nun, daß die Beachtung des Zyklus der Frau nicht nur eine solche Manipulation vermeidet, sondern in besonderer Weise der Kultur geschlechtlicher Liebe förderlich sein kann. In diesem Respekt der natürlichen Ordnung des Geschlechtlichen erkennt er die Weisheit der Schöpfung, womit auch der aktuelle Vorbehalt gegenüber der Fruchtbarkeit in seiner sittlichen Relevanz aufgehoben wird.

Der Papst beruft sich bei dieser Weisung auf die stets alte und zugleich neue Lehre und Norm der Kirche. Er stützt sich auf die Autorität seines Amtes, das ihn allein zur authentischen Verkündigung berechtigt. Sowohl die Form wie auch der hier in Frage stehende konkrete Inhalt der Verkündigung lassen erkennen, daß es sich zwar um eine authentische Lehre, aber nicht um eine unfehlbare Entscheidung handelt, die eine theologische Diskussion darüber ausschließen würde[2]. Es bleibt der Theologie weiter erlaubt, ja sie ist aufgerufen, klärende Fragen zu stellen.

Zunächst fällt auf, daß der Papst den *Begriff der Manipulation erweitert.* Unter Manipulation versteht man im allgemeinen das Einwirken auf Personen ohne Rücksicht auf deren Eigenentscheidung. In diesem Sinn sind die staatlichen Aktivitäten, die die Entscheidungsfreiheit im Zeugungsverhalten einschränken, verwerfliche Manipulation. Der Papst bezeichnet nun aber auch den freiwilligen Gebrauch eines Antikonzipiens durch Eheleute als eine verwerfliche Manipulation ihrer Sexualität. Demnach ist es beispielsweise der Frau verboten, die Reifung einer Eizelle zu verhindern. Und zwar bleibt ihr dies nach der Lehre des Papstes auch dann verboten, wenn sie in ernster Verantwortung die zur Befruchtung gereifte Zelle gar nicht zur Befruchtung kommen lassen darf. Dies bliebe — so muß man den Papst wohl verstehen — auch dann eine verbotene Manipulation. Keine Manipulation dagegen läge vor, wenn die Frau durch gezielte Berechnung der Befruchtung einer zur Befruchtung gereiften Eizelle ausweicht.

[2] Die viel gebrauchten Begriffe „authentisch" und „unfehlbar" gehören verschiedenen Bereichen an. „Authentisch" entstammt der Rechtssprache und meint die „amtliche" Verkündigung der Kirche im Unterschied zu einer „privaten". Das Begriffspaar „fehlbar — unfehlbar" qualifiziert einen Urteilsprozeß: Es geht dabei nicht um Erkenntnis von Wahrheit, sondern um das *Urteil,* dieses Erkannte gehöre zum Depositum fidei (oder nicht).

Viele Menschen tun sich nicht leicht, die entscheidende sittliche Bedeutung dieser Unterscheidung zu verstehen. Jedermann versteht wohl, daß man nicht willkürlich in die leibliche Integrität eingreifen darf. Keiner darf sich willkürlich den Finger abschneiden. Aber wenn ein Eingriff ein geeignetes und proportioniertes Mittel ist, um ein eheliches Leben in Liebe und Verantwortung zu ermöglichen, bleibt dann ein Eingriff trotzdem unerlaubte Manipulation? Müßte man nicht zumindest dann den Eingriff für gerechtfertigt halten, wenn die Zeitwahl nicht möglich ist? Auf diese Frage, die auch auf der Synode gestellt wurde, geht das päpstliche Schreiben nicht ausdrücklich ein. Sie darf wohl als „offen“ angesehen werden.

Der Papst wendet sich aber nicht nur gegen die eigenmächtige Verletzung der Integrität der sexuellen Beziehungen; er sieht vielmehr in der Methode der Zeitwahl eine besondere Möglichkeit zur Kultur rücksichtsvoller Liebe. Die Methode verlangt von den Partnern Gespräch, Selbstbeherrschung und gegenseitige Rücksichtnahme.

Es ist wohl nicht zu bestreiten, daß der Einsatz moderner Kontrazeptiva eine Reihe spezifischer Gefahren birgt. Sie wecken nicht selten eine Erwartungshaltung von Männern gegenüber den Frauen, die diesen die ganze Verantwortung überträgt und damit einer Einstellung nahekommt, die der Papst mit „Gebrauchen“ (uti), statt Erleben (frui) bezeichnet. Die Gefahr des Mißbrauchs von Mitteln und Methoden ist freilich noch kein endgültiges Urteil gegen ihren Gebrauch. Es wird aber dadurch nochmals deutlich, worauf es eigentlich ankommt. Familienplanung muß getragen sein von gemeinsamer Verantwortung und ständiger gegenseitiger Rücksichtnahme. Sie verlangt Kultur der Liebe. Dies hat bereits die Würzburger Synode mit Nachdruck gefordert, wenn sie mit Berufung auf das Zweite Vatikanische Konzil erklärt: Die angewandte Methode dürfe keinen der beiden Partner seelisch verletzen oder in seiner Liebesfähigkeit beeinträchtigen. Dies gilt auch für die Zeitwahl. Es bleibt darum die Frage, ob nicht eine Orientierung am psychischen Befinden der Partner einem personal ausgerichteten Ethos mindestens so entsprechend sein kann wie eine Orientierung ganz am biologischen Rhythmus der Frau. Eine ausschließliche Orientierung am biologischen Rhythmus der Frau kann für diese zur psychischen Belastung werden. Dann bleibt die Frage, ob nicht eine Orientierung am „seelischen Rhythmus", das heißt an einem rücksichtsvollen Eingehen auf die ganzmenschliche Empfindung und Belastung der Partner, einem personalen Ethos ebenso gerecht zu werden vermag.

2. Die Erziehung (Nr. 36—41)

Das Recht auf Pflege und Erziehung der Kinder ist im Grundrechtskatalog des Grundgesetzes als „das natürliche Recht der Eltern und die zuvörderst ihnen obliegende Pflicht" (Art. 6 Abs. 2 GG) garantiert. Auch in den internationalen Erklärungen ist dieses Recht grundgelegt. Sprach die Allgemeine Erklärung der Menschenrechte von 1948 davon, daß die Eltern in erster Linie das Recht haben, die Art der ihren Kindern zuteil werdenden Bildung zu bestimmen (vgl. Art. 26 Abs. 3), so verpflichteten sich um so deutlicher die Vertragsstaaten des Internationalen Pakts über bürgerliche und politische Rechte von 1966, „die Freiheit der Eltern und gegebenenfalls des Vormunds oder Pflegers zu achten, die religiöse und sittliche Erziehung ihrer Kinder in Übereinstimmung mit ihren eigenen Überzeugungen sicherzustellen" (Art. 18 Abs. 4). Mit dem Inkrafttreten dieses Paktes 1976, als die Mindestzahl von 35 Unterzeichnerstaaten erreicht wurde, ist das Recht der Eltern, ihre Kinder zu erziehen, als grundlegendes Menschenrecht durch die UNO vollends anerkannt.

Von daher ist es auch Aufgabe der Kirche, dieses Recht im Zusammenhang mit der damit untrennbar verbundenen Elternpflicht zu schützen und abzusichern. Darin liegt nun der Beitrag des päpstlichen Dokumentes, indem es nämlich den natürlichen, d. h. unableitbaren und ursprünglichen Charakter dieses Menschenrechts von seinen anthropologischen und theologischen Fundamenten her vertieft, d. h. in der Einzigartigkeit der Beziehungen zwischen Eltern und Kindern und in der Urberufung der Eheleute zur Teilnahme am schöpferischen Wirken Gottes begründet sieht (vgl. 36). Als erster „ ‚Schule der sozialen Tugenden' " (36) ist die Familie ein universeller Ort der sittlich-rechtlichen Grunderfahrung des Menschen. Im Familienverband macht der Mensch — wie J. Messner in seiner Naturrechtsethik immer wieder mit Nachdruck betont — die ersten Erfahrungen von dem, was er braucht, um sich in den wichtigsten leiblichen und seelischen Ansprüchen befriedigt zu wissen. In ihm artikulieren sich die fundamentalen leiblich-seelischen Bedürfnisse des Menschen und induzieren aus sich heraus bereits die Erkenntnis einer Grundordnung menschlicher Verhaltensweisen. In der Erfahrung der elterlichen Liebe als Quelle, Seele und Norm des gesamten erzieherischen Wirkens (36) eröffnet sich dem Menschen das Verständnis für den Reichtum und die grundlegenden Werte der menschlichen Person in den verschiedenen Bereichen des menschlichen Lebens. Dieser Reichtum der ganzen Person tritt in besonders dichter Weise in der menschlichen Geschlechtlichkeit zutage. Ihn zu entfalten und vor Verkürzungen zu bewahren muß ein Grundanliegen allen erzieherischen Wirkens sein (vgl. 37). Aber auch hier betont der Papst wiederum sehr entschieden Grundrecht und -pflicht der Eltern, als erste dafür zuständig zu sein, ihre Kinder zu einer umfassenden Kultur der Liebe, welche notwendigerweise auch den Wert der Keuschheit einbezieht, zu führen. Schule und andere Institutionen haben sich hierbei nicht nur vom gleichen Geist leiten zu lassen, sondern dürfen ihren Beitrag lediglich subsidiär zum elterlichen Grundrecht sehen (37).

Die Brisanz und die Bedeutung dieser Aussagen wird deutlich, wenn man sie auf dem Hintergrund der familienpolitischen Diskussion der letzten Jahre sieht. Seit den frühen 60er Jahren vollzog sich nämlich in der Familienpolitik ein auffallender Wandel. Die betont wertrationale Begründung wurde immer stärker durch eine funktionale Begründung ersetzt. Nicht mehr Wesen und Eigenwert der Familie bilden den Ausgangspunkt, es wurde vielmehr nach ihren Funktionen gefragt. Damit geriet die Familienpolitik unter den Einfluß sozialwissenschaftlicher Problemstellungen. Standen dabei anfänglich noch die strukturfunktionalistischen Theorien (Parsons, König) im Vordergrund, so gewann bald die gesellschaftskritische Perspektive die Oberhand. Einer auf Gleichheit der Bildungschancen angelegten neuen Bildungspolitik erschien die Familie als zentrale Instanz zur Verteidigung sozialer Ungleichheit. Das Hauptproblem richtete sich auf den Nachteil, mit dem Kinder der unteren Schichten ins Bildungswesen kamen und innerhalb dieses Systems nochmals benachteiligt wurden, soweit die elterliche Unterstützung geringer blieb als bei Kindern aus der Mittelschicht. Ein zweiter Strang der Kritik richtete sich unter Einfluß der Psychoanalyse gegen den sogenannten spätbürgerlichen Familientyp. Er erschien den Kritikern als repressive Instanz, deren Sexualunterdrückung die Voraussetzung allgemeiner Disziplinierung und der Angleichung von Ehepartnern und Kindern an das herrschende Normensystem bildet. Schulischer Sexualkundeunterricht sollte diesen Mangel kompensieren, was häufig zu sehr einseitigen, das personalistische Menschenbild stark verkürzenden Modellen und Entwürfen führte. Darüber hinaus kam es innerhalb der neuen Linken zu praktischen Versuchen, Alternativen zur spätbürgerlichen Familie zu entwickeln. Man kann diese Versuche heute als gescheitert ansehen. Der Widerstand gegen eine Integration aller menschlichen Beziehungen in eine voll entfaltete Tauschgesellschaft legt den Schluß nahe, daß offensichtlich die Menschen in sehr intimen Beziehungen diese Tendenzen gar nicht mitvollziehen können. Und es wird überdies deutlich, daß sich die Familie ihres *naturalen* Elementes, des biologischen Zusammenhangs der Mitglieder, nicht entäußern kann. Sie behält als Primärgruppe ihre konstitutive Funktion für die Entwicklung von Individuen und Gruppen in unserer Gesellschaft. In einer gleicherweise aufgeteilten wie programmierten modernen Stadt bleibt die Familie einer der seltenen Orte der umfassenden Integration der Person.

Um so mehr ist dann auch das Recht der Eltern auf Erziehung gefordert, wenn — wie besonders in den kommunistischen Staaten — die Freiheit der religiösen Erziehung gefährdet ist oder die Schulen einer ideologischen Indoktrination unterliegen, die alles daransetzt, den Jugendlichen vom Glauben zu entfremden (vgl. 40). Gerade der sakramentale Charakter der christlichen Ehe ist es, der diese grundlegende Freiheit um so dringlicher fordert. In ihm nämlich werden Erziehungsrecht und -auftrag neu qualifiziert, insofern der Familie als ein „echtes und wirkliches ‚Amt' " der Auftrag zufällt, zur Auferbauung der Kirche beizutragen. „So wird die Familie der Getauften, die vom göttlichen Wort und Sakrament als Hauskirche zusammengeführt ist, wie die große Kirche zugleich zur Mutter und Lehrerin" (38).

III. Die Teilnahme der Familie an der gesellschaftlichen Entwicklung (Nr. 42—48)

Gesellschaftliche Entwicklung muß notwendigerweise immer da verkümmern, wo die Mitglieder der Gesellschaft ihre Rechte lediglich im Sinne egoistischer Ansprüche verstehen, deren Erfüllung man von der Gesellschaft erwarten, gegebenenfalls sogar rechtlich erzwingen kann. Gegenüber einer solchen Verkürzung des Grundrechtsdenkens hat die Kirche stets die innere Korrelation von Rechten und sittlichen Pflichten betont. Keine noch so freiheitlich verfaßte Grundordnung kann bestehen und gedeihen, wenn sie nicht von einem entsprechenden Grundrechtsethos getragen wird. Ein solches Ethos wiederum kann nur dort lebendig sein, wo es im Bewußtsein um unaufgebbare Werte menschlichen Zusammenlebens gründet. Einer Grundrechtsordnung muß stets eine Grundrechtskultur entsprechen. Gerade in der Entfaltung und Pflege einer Grundrechtskultur kommt nun der Familie eine unersetzliche Bedeutung zu. In ihr werden die wahrhaften Grundwerte wie Achtung, Gerechtigkeit, Dialog und Liebe (vgl. 43) ursprünglich erfahren und eingelebt; in ihr erwachsen die elementarsten Einsichten in die sittlichen Notwendigkeiten eines menschenwürdigen Zusammenlebens. In diesem Sinne ist sie tatsächlich „der ursprüngliche Ort und das wirksamste Mittel zur Humanisierung und Personalisierung der Gesellschaft“ (43).

Aufgrund dieser unersetzlichen Funktion für den Schutz und die Vermittlung eines gemeinschaftstragenden Ethos hat die Familie auch Anspruch auf die besondere Hilfe und Unterstützung seitens des Staates. Alle staatlichen Regelungen jedoch, die der Unterstützung der Familie dienen, haben ihr Maß und ihre Grenze am Prinzip der Subsidiarität (45). Denn die Funktion, welche die Familie im Dienst der Grundrechtskultur leistet, ist — wie bereits deutlich gemacht wurde — keine von der Gesellschaft ihr übertragene Aufgabe, sondern eine originäre Funktion, die ihr als einer „ ‚Gemeinschaft eigenen und ursprünglichen Rechts‘ “ (45) je schon zu eigen ist.

Von daher verurteilt der Papst mit vollem Recht alle willkürlichen Eingriffe in die Rechte der Familie, wie sie heute weltweit zu konstatieren sind (vgl. 46). Als eine ursprüngliche Wirklichkeitsform des gemeinsamen Lebens stellt die Familie eine sittlich-institutionelle Realität sui generis dar, die es zu respektieren gilt und deren Schutz sich in einer Vielfalt einzelner Rechte entfalten muß.

Eine ganze Reihe solcher Rechte stellt der Papst im Anschluß an die Bischofssynode in einer „Charta der Familienrechte“ zusammen (46). Auch hier gilt selbstverständlich das gleiche Prinzip der strikten Korrelation von Rechten und der sittlichen Verpflichtung, diese Rechte sinnvoll auszuüben. Von daher ist es nur konsequent, wenn der Papst in diesem Abschnitt auf die Aufgaben der Familie im karitativen und sozialpolitischen Bereich hinweist. Es ist interessant zu sehen, wie Johannes Paul II. das soziale Engagement der Familie durchaus nicht allein auf den Bereich unmittelbarer Nächstenliebe („Gastfreundschaft in all ihren Formen", vgl. 44) begrenzt, sondern auch auf den politischen Bereich ausweitet. Diese Aufgabe des politischen Engagements wird die einzelne Familie vermutlich nur im Verbund mit anderen Familien leisten können. Die Zielsetzung solcher Aktivität bestimmt sich von einer immer besseren grundrechtlichen Absicherung her, durch die die institutionelle Eigenständigkeit der Familie gegen jegliche Versuche einer Politisierung und Gleichschaltung aller Lebensbereiche geschützt werden kann. Ein menschenrechtliches Engagement für Ehe und Familie ist dann durchaus auch als Beitrag zum Aufbau einer neuen internationalen Ordnung zu verstehen (vgl. 48).

IV. Die Teilnahme der Familie am Leben und an der Sendung der Kirche (Nr. 49—64)

Bereits bei der Eröffnung der Bischofssynode sprach der Papst von der Familie als der „Kirche im kleinen", als der Hauskirche. Hier wird dieser Gedanke entfaltet und vertieft. Die Familie ist zu sehen als „ein lebendiges Bild und eine Vergegenwärtigung des Geheimnisses der Kirche in dieser Zeit" (49). In einem dreifachen Bezug auf Jesus Christus, den Propheten, Priester und König, wird dann die Familie dargestellt als „glaubende und verkündende Gemeinschaft, als Gemeinschaft im Dialog mit Gott sowie als Gemeinschaft im Dienst am Menschen" (50).

Für Christen gründen Ehe und Familie in einer Berufung, die ganz im Glauben verstanden und gelebt werden muß (51). In dem Maße, in dem die Familie das Evangelium aufnimmt, kann sie zum Zeugen werden für die „gegenwärtige Wirkkraft des Reiches Gottes wie auch die Hoffnung auf das ewige Leben" (52). Eine solche Familie wird auch zum „besten Seminar für die Berufung zu einem dem Reiche Gottes geweihten Leben" (53). Doch verkennt der

Papst nicht die Schwierigkeiten, auf die die Eltern bei den eigenen Kindern mit der Glaubensverkündigung stoßen. Sie sollen diesen Schwierigkeiten mit Mut und Gelassenheit begegnen (53).

Wie die Sakramente Mitte der Kirche sind, so sind sie es auch für die Hauskirche. Die Gnade des Ehesakramentes wird erneuert in der Mitfeier der Eucharistie und im Erfahren immer neuer Vergebung im Sakrament der Buße (56—58). Nachdrücklich verweist der Papst auf das Familiengebet und die Pflicht der Eltern zu Gebetserziehung der Kinder, die ohne eigenes Beispiel kaum gelingen kann (60—61). So ist die Familie von innen her auch zum Apostolat der Liebe gestärkt (63).

Vierter Teil: Familienpastoral

Die Ausführungen zur Familienpastoral gliedern sich in vier Kapitel. Das *erste Kapitel* handelt von den für den pastoralen Dienst an Ehe und Familie besonders wichtigen Zeiten: Vorbereitung, Trauung und Seelsorge an den Verheirateten (65—69). Besondere Aufmerksamkeit verdienen die Überlegungen zur Trauungsfeier für „Getaufte ohne Glauben" (68). Es ist ein praktisches Beispiel für das, was die Synode unter dem Stichwort des Gradualismus diskutiert hat. Gradualismus meint ja den stufenweisen Entwicklungsprozeß, den ein Mensch durchlebt. Man darf darum keine zu hohen Anforderungen stellen bei der Zulassung Getaufter zur kirchlichen Trauung; denn das „Sakrament umfaßt eine Wirklichkeit, die bereits in der Schöpfungsordnung vorliegt". Wenn die wesentlichen Voraussetzungen zu einer Ehe im Sinne des Schöpfungsplanes gegeben sind und die rechte Absicht vorliegt, befinden sich die Partner „bereits auf einem wirklichen Heilsweg", der sich weiter entfalten kann. Im *zweiten Kapitel* (70—72) wird kurz auf die Struktur der Familienpastoral, besonders auf Pfarreiebene, eingegangen.

Im *dritten Kapitel* (73—76) werden die Mitwirkenden der Familienpastoral, hauptsächlich die Bischöfe, Priester und Ordensleute, angesprochen. Mit großem Nachdruck wird ihnen die Pflicht zur vollen Rückbindung an das hierarchische Lehramt in Erinnerung gerufen. Hier finde der Seelsorger das Kriterium zur Unterscheidung der Geister wie auch als Richtschnur helfenden Dienstes. Angesichts einer Situation, in der eine Vielzahl von Gläubigen zumindest in den westlichen Industrienationen in ihren Überzeugungen unsicher werden, bleibt das Lehramt die Instanz, die die fundamentalen Werte in ihrer vordringlichen und unverzichtbaren Notwendigkeit darlegt. Die Unterweisungen und Ratschläge der Priester und Diakone „müssen daher immer in vollem Einklang stehen mit dem authentischen Lehramt der Kirche, um so dem Volk Gottes zu helfen, sich einen rechten Glaubenssinn zu bilden, der dann im täglichen Leben angewandt werden soll" (73). Im Fehlen solcher eindeutigen Beziehungen zwischen Theologen, Fachleuten in Familienfragen und Lehramt liegt der tiefere Grund der Unsicherheit in den Fragen der Ehemoral. Gerade „im Bereich ehelicher Intimität" ist eine „einheitliche sittliche und pastorale Beurteilung von seiten der Priester" von größter Bedeutung. „Diese Einheit muß sorgfältig gesucht und sichergestellt werden, damit die Gläubigen nicht unter Gewissensnöten zu leiden haben" (34).

Die Sprache des Apostolischen Schreibens läßt mit einem deutlichen Unterschied im Ton erkennen, ob die Mitarbeiter im pastoralen Dienst oder all die Menschen angesprochen werden, denen die Sorge dieses Schreibens gilt. Den Eheleuten und besonders denen, die in „irregulären Situationen" leben, zeigt der Papst bei aller Festigkeit in der traditionellen Lehre menschliches Verständnis und die Milde des Seelsorgers. Die Priester und Mitarbeiter im pastoralen Dienst nimmt er aber hart in Pflicht. Da wird immerfort zur Disziplin gerufen: zur Disziplin in der Treue zur eigenen Berufung (16) und zur Disziplin in der Orientierung allein am Lehramt. Dies ist beim Bekenntnischarakter dieses Papstschreibens auch gar nicht anders zu erwarten. Der Papst selbst weiß aus eigener Lebenserfahrung, daß den Mächten des Unglaubens nur eine entschiedene und geschlossene Front der Kirche zu trotzen vermag. Er kämpft für die Würde des Menschen, die ihre letzte Wurzel in Gottes Zuwendung zum Menschen hat. Alles, was er in seinem Schreiben vorträgt, steht in einer inneren Verbindung zum Menschenbild, wie es uns im Glauben an Gottes Offenbarung in Jesus Christus erkennbar wird. Dies leuchtet im Blick auf die Begründung der Menschenwürde und der darin verankerten unveräußerlichen Menschenrechte auch ein. Gottes freimachende Freiheit gibt dem Menschen die Kraft zur Treuebindung und zu einem von ganzheitlicher Liebe getragenen Vollzug der Sexualität. Dies ist für Christen eine grundlegende Erkenntnis.

Es liegt in der Eigenart einer solchen „Adhortatio", daß sie keine genaueren Differenzierungen anbringt, bis zu welchen konkreten Ableitungen der Glaubenszusammenhang zwingend sei. Theologisch steht aber wohl außer Zweifel, daß sich die Pflicht zur Treuebindung in einer sakramentalen Ehe einerseits und der vom Papst entwickelte Integritätsbegriff menschlicher Sexualität andererseits nicht in gleicher Weise aus dem christlichen Verständnis vom Menschen ergeben. Man wird sich also — um der Ernsthaftigkeit des Glaubens willen — hüten müssen, alle Aussagen unterschiedslos unter Glaubenspflicht zu nehmen. Wenn zum Beispiel ein katholischer Christ den vom Papst erarbeiteten moralischen Unterschied zwischen dem Gebrauch eines Antikonzipiens und der methodisch praktizierten Zeitwahl nicht nachzuvollziehen vermag, so fehlt es ihm damit nicht schon am Glauben an das in Jesus Christus offenbar gewordene Menschenbild. Und insbesondere braucht er damit nicht schon die spezifische Lehrkompetenz der Kirche im Bereich der Moral in Frage zu stellen. Dazu ist festzustellen, daß

1. die Grundsätze (bes. die Nr. 17—21) des Schreibens der deutschen Bischöfe an alle, die von der Kirche mit der

Glaubensverkündigung beauftragt sind (Sekretariat der Deutschen Bischofskonferenz 1967), durch „Familiaris consortio“ in keinem Punkt in Frage gestellt werden. Was dort zu den „nichtdefinierten Lehräußerungen der Kirche“ gesagt wird, gilt weiterhin: „Wer glaubt, der privaten Meinung sein zu dürfen, die bessere künftige Einsicht der Kirche schon jetzt zu haben, der muß sich vor Gott und seinem Gewissen in nüchtern selbstkritischer Einschätzung fragen, ob er die nötige Weite und Tiefe theologischer Fachkenntnis habe, um in seiner privaten Theorie und Praxis von der augenblicklichen Lehre des kirchlichen Amtes abweichen zu dürfen. Ein solcher Fall ist grundsätzlich denkbar.“

2. Entsprechend bleibt auch das Wort der deutschen Bischöfe zur seelsorglichen Lage nach dem Erscheinen der Enzyklika „Humanae vitae“ vom 30. 8. 1968 (die sogenannte Königsteiner Erklärung) weiterhin gültig: „Ernsthafte Bemühung, auch eine nicht unfehlbare Lehräußerung der Kirche positiv zu würdigen und sich anzueignen, gehört zur richtigen Glaubenshaltung eines Katholiken. Wer glaubt, in seiner privaten Theorie und Praxis von einer nicht unfehlbaren Lehre des kirchlichen Amtes abweichen zu dürfen — ein solcher Fall ist grundsätzlich denkbar —, muß sich nüchtern und selbstkritisch fragen, ob er dies vor Gott verantworten kann.“
3. Nicht minder gilt weiterhin der Beschluß der Würzburger Synode „Christlich gelebte Ehe und Familie“, wo es heißt: „Das Urteil über die Methode der Empfängnisregelung, das in die Entscheidung der Ehegatten gehört, darf nicht willkürlich gefällt werden, sondern muß in die gewissenhafte Prüfung die objektiven Normen miteinbeziehen, die das Lehramt der Kirche vorlegt. Die angewandte Methode darf dabei keinen der beiden Partner seelisch verletzen oder in seiner Liebesfähigkeit beeinträchtigen (‚Gaudium et spes‘, 51, 3).“ Damit hat die Synode genau das bestätigen wollen, was die Bischöfe in den unter 1 und 2 genannten Schreiben gelehrt haben.

Im vierten Kapitel (Nr. 77—85) geht der Papst auf die Familienpastoral in schwierigen Situationen ein. Da gerade diese „Situationen" im weltweiten Bereich der Universalkirche sehr unterschiedlich bedingt sein können, konzentriert sich das Schreiben auf ein paar grundsätzliche Hinweise.

Nach den Ausführungen Kardinal Ratzingers zum Problem der wiederverheirateten Geschiedenen (Brief an die Priester, S. 13f.) hat die Bischofssynode zu diesem Thema nicht unerhebliche Differenzierungen gemacht. Sie unterscheidet „die moralische Qualität der Fälle, in denen ein Ehepartner die Treue zu wahren versucht hat, aber verlassen wurde, von der Situation dessen, der eine langandauernde Ehe von sich aus schuldhaft zerbricht. Sie benennt als eigene Kategorie diejenigen, die zu der begründeten Gewissensüberzeugung von der Nichtigkeit ihrer ersten Ehe gekommen sind, auch wenn der gerichtliche Nachweis dafür nicht möglich ist: In solchem Fall kann — unter Vermeidung von Ärgernis — in Entsprechung zu dem begründeten Gewissensurteil die Kommunionzulassung gewährt werden." Aber auch das Versagen der Kommuniongemeinschaft bedeute nicht, „daß einem Menschen das Heil abgesprochen wird". Und schließlich wird darauf hingewiesen, daß unter Berücksichtigung der Praxis auch der Ostkirchen (sie kennt bekanntlich bei Ehebruch und Verstoßung eine mildere Praxis) eine neue und noch gründlichere Untersuchung angestellt werden soll. Sie dürfte sich vor allem auf die Rechte der verlassenen Partner richten.

Der Papst erwähnt nun zwar diese unterschiedlichen Situationen auch (84) und mahnt die Bischöfe, sie zu beachten. Er nennt dafür aber keine speziellen Konsequenzen, sondern geht auf die allgemeine Seelsorge über und erklärt dann, daß Buße und Eucharistie nur denen gewährt werden können, die sich verpflichten, völlig enthaltsam zu leben. Es wird damit aus dem Text nicht ganz klar, welche Bedeutung der Mahnung zur Unterscheidung der Situationen zukommt. Da die Synodenaussagen voll im Rahmen des noch geltenden Rechts und bewährter Rechtspraxis (vgl. B. Fries,

Forum in der Rechtssprache, München 1963, 217—221) stehen, darf man wohl davon ausgehen, daß es nicht in der Absicht des Papstes liegt, sie zurückzurufen. Der Ruf zur Unterscheidung gilt demnach auch dem Seelsorger. Er hat keine Dispensen oder Genehmigungen auszusprechen. Er hat aber wohl in bereitem Anhören und durch kritisches Fragen den Ratsuchenden zu einer redlichen Selbstbeurteilung zu verhelfen. Diesem Urteil wird er dann auch Glauben schenken und den Entscheid in der Praxis respektieren. Zu solcher Praxis erklärte der Vorsitzende der Gemeinsamen Synode der Bistümer in der Bundesrepublik Deutschland, Kardinal Döpfner, wörtlich: „Es ist bisher weder in der Stellungnahme der Bischöfe noch in der Stellungnahme eines Bischofs auch nur der Ansatz eines harten Wortes über Versuche ernster, gewissenhafter Seelsorger gesagt worden, mit dieser Frage fertig zu werden. Ein jeder Bischof weiß, wie schwierig das ist“ (Verbalprotokoll der 5. Vollversammlung, S. 92).

Am Ende seines Apostolischen Schreibens wendet sich der Papst in bewegter Sorge an die Gatten, Väter und Mütter und insbesondere an die Jugendlichen, „die tragende Kraft der Familie im kommenden dritten Jahrtausend“ (86). Allen, die seine Sorge mittragen, ruft er nochmals in Erinnerung: „Die Zukunft der Menschheit geht über die Familie!“ Unsere eigene Gesellschaft hat allen Grund, diesen Aufruf ernst zu nehmen. Die Stärkung der Familie ist für die qualitative Nachwuchssicherung, das heißt für das Überleben unserer Gesellschaft als Rechtsgemeinschaft mit ihrem hohen Niveau an sozialer Sicherung und Rechtsstruktur unerläßlich. Das hat nichts zu tun mit einem vordergründigen vitalistischen Interesse am eigenen Überleben. Es geht um unseren Dienst in Verantwortung auch für die Dritte Welt. Dazu muß sich unsere eigene Gesellschaft fortwährend erneuern. Dies erfordert, daß in ihr Nachwuchs in genügender Zahl und ausgestattet mit den für das Leben in unserer Gesellschaft notwendigen physischen, psychischen und sozialen Eigenschaften und Fähigkeiten stets neu heranwächst. Um der Familie diesen Auftrag zu ermöglichen, bedarf sie nicht nur umfassender familienpolitischer Maßnahmen, sondern vor allem einer Erneuerung aus dem Glauben, der ihren Bemühungen über Widerstand und Scheitern hinweg Zukunft verheißt.

Die Würde des Menschen in Christus

Die Antrittsenzyklika „Redemptor hominis" Papst Johannes Pauls II. Mit einem Kommentar von Bernhard Häring

Mit seiner Antrittsenzyklika „Redemptor hominis" stellt Papst Johannes Paul II. die Kirche in den Horizont des Jahres 2000. Die Kapitel „Das Geheimnis der Erlösung", „Der erlöste Mensch und seine Situation in der Welt von heute", „Die Sendung der Kirche und das Schicksal des Menschen" umreißen zugleich das theologische und ekklesiologische Programm des Papstes.

Bemerkenswert ist der Sprachstil sowie die christologisch-anthropologische Sicht und die dialogisch-offene Haltung gegenüber der Welt.

Bernhard Häring, der international bekannte deutsche Theologe und Professor an der Lateranuniversität, führt in seinem Kommentar in die Grundgedanken der Enzyklika ein und zeigt die Hintergründe auf, die zum besseren Verständnis der programmatischen Aussagen notwendig sind.

140 Seiten, kart. (ISBN 3-451-18859-7)

Herder Freiburg · Basel · Wien

Dienst aus der größeren Liebe zu Christus

Schreiben von Papst Johannes Paul II.
an die Priester
Mit einem Kommentar
von Hans Urs von Balthasar

In seinem „Schreiben an die Priester" bekundet Papst Johannes Paul II. seine tiefe Verbundenheit mit allen, die sich geeint wissen im Sakrament der Priesterweihe. Dabei bewegt ihn eine ernste Sorge, die alle in der Kirche betrifft: der Priestermangel. Die Mitte seines geistlichen Wortes, das mit dem Motto „Liebst du mich mehr als diese?" (Joh 21, 15) überschrieben werden kann, ist das Thema der Treue im priesterlichen Dienstamt.

Hans Urs von Balthasar, international anerkannter theologischer Autor und vom Papst selbst als „einer der großen heutigen Theologen" bezeichnet, verdeutlicht in seinem Kommentar die Hauptanliegen des päpstlichen Schreibens und grenzt es von falschen Interpretationen ab.

72 Seiten, kart. (ISBN 3-451-18879-1)

Herder Freiburg · Basel · Wien